AF748362

Anormal

Comment Entraîner Son Esprit à Penser Différemment et à Surmonter les Pensées Négatives

Dan Desmarques

22 Lions

Anormal : Comment Entraîner Son Esprit à Penser Différemment et à Surmonter les Pensées Négatives

Écrit par Dan Desmarques

Index

Introduction

Dans un monde où l'agressivité et le pouvoir éclipsent souvent l'amour et la compassion, « Anormal : Comment entraîner son esprit à penser différemment et à surmonter les pensées négatives » propose un voyage transformateur vers la compréhension des complexités du comportement humain et des dynamiques sociales. L'ouvrage explore les racines de la psychopathie, les pressions de la société et les dualités qui façonnent nos perceptions et nos interactions. Il met les lecteurs au défi de se libérer de la pensée conventionnelle et les encourage à s'engager sur la voie de la découverte de soi et de l'évolution.

À travers une exploration approfondie de la neurologie individuelle et des influences de la société, le livre révèle comment la peur, la honte et les attentes sociales peuvent conduire à un comportement antisocial caché et à une mentalité prédatrice. Il souligne l'importance de l'éducation, de la conscience de soi et du courage de penser différemment comme éléments clés pour surmonter ces schémas destructeurs. Les lecteurs auront une vision globale du développement évolutif de l'esprit humain, de l'influence des expériences culturelles et personnelles et du pouvoir de l'introspection. En comprenant les motivations et les peurs sous-jacentes qui motivent les actions humaines, le livre permet aux lecteurs de transcender les normes sociales et d'adopter une façon de penser plus évoluée.

Plus qu'un guide de développement personnel, « Anormal » est un appel à l'action en faveur du changement social, exhortant les lecteurs à contribuer à un monde où la coopération et l'empathie l'emportent sur la division et la compétition. Que ce soit pour comprendre les méandres de la psychologie humaine ou pour transformer sa propre vie, ce livre fournit les outils et les perspectives nécessaires pour s'épanouir dans un monde complexe.

Chapitre 1 : L'évolution du comportement antisocial caché

Vous avez probablement passé la majeure partie de votre vie à vous demander pourquoi tant de gens sont méchants et même envieux des autres, et pourquoi cela arrive à ceux qui n'ont rien fait de mal et passent la plupart de leur temps concentrés sur leur propre existence et la survie de leur famille. Une grande partie du mal dans le monde est attribuée à des causes mystérieuses, souvent isolées dans le domaine de la religion, et la psychopathie ne reçoit pas l'attention qu'elle mérite lorsqu'elle est analysée dans une perspective plus large ou lorsque ses nombreuses implications sont observées dans notre vie quotidienne. Cependant, tout peut être simplifié en un certain cheminement évolutif qui révèle nos motivations, nos ambitions, nos peurs et nos raisons cachées. Pour cela, nous avons besoin d'une meilleure compréhension de la neurologie individuelle et de la manière dont elle s'applique aux nombreuses facettes du mal dans le monde actuel.

Dans un monde marqué par des tendances autodestructrices et des visions anormales de la réalité, où l'agressivité et le pouvoir sont plus valorisés et vénérés que l'amour et la compassion, la seule issue est de porter un masque social. Ainsi, les gens doivent prétendre être ce qu'ils ne sont pas pour être respectés et s'intégrer dans la société. Cet état d'esprit conduit évidemment à l'anxiété sociale. Par conséquent, lorsque les gens sont déprimés, ils s'efforcent davantage de le cacher, en souriant plus que d'habitude et en faisant des choses inhabituelles. Cela s'explique par leur peur d'être victimes de discrimination. Cependant, comme elles veulent faire partie d'une société qui les rend anxieuses, beaucoup développent ce qu'on appelle un comportement antisocial caché, mentant davantage, trompant les autres et, en général, faisant tout ce qu'elles peuvent pour survivre et gagner dans une compétition sauvage pour obtenir plus.

Cette mentalité prédatrice provient de leur propre statut de victime, ce qui signifie une compensation pour la peur d'être piégées dans ce qu'elles considèrent comme un monde dual, une réalité bidimensionnelle. En substance, la dépression et la colère réduisent la perception de la vie, affectant la façon dont les gens se perçoivent et se comportent, ainsi que la façon dont ils interagissent avec les autres.

Il est évident que lorsque ces individus psychotiques agissent ainsi envers les autres, ils ne tardent pas à subir les conséquences de leurs trahisons et de leurs mensonges. En conséquence, et parce qu'ils sont incapables de réfléchir à leur propre comportement, ils s'enfonceront encore davantage dans cette mentalité reptilienne qui consiste à rechercher le pouvoir sur les autres afin de les opprimer et de survivre. La survie est perçue par cette personne comme un mécanisme par lequel elle diminue le potentiel des autres afin de devenir plus apte à les exploiter et à leur mentir. Ceux qu'elle exploite peuvent alors commencer à percevoir la réalité de manière dualiste, et c'est pourquoi tant de personnes maintiennent la société dans un état de dépression et ne permettent pas son évolution.

Si une personne reste suffisamment longtemps dans un état mental de peur, elle ressentira de la colère et davantage de dépression, ce qui la conduira à des pensées suicidaires. Tout ce que l'individu perçoit en dehors de lui-même est le reflet de son monde intérieur, même s'il n'y a pas de corrélation entre ce qui se passe et ce qu'il perçoit comme pouvant se passer. L'état psychotique est lié à un manque de discernement et de maîtrise de soi sur les pensées, ce qui signifie que la personne est plus perturbée par des problèmes simples et courants, mais qu'elle est également plus susceptible de rationaliser ce qui se passe comme une attaque négative contre son existence.

Cette description résume ce qui se passe sur toute la planète et, pour beaucoup, c'est si courant que cela peut même être considéré comme normal. Certains ont qualifié ces caractéristiques de reptiliennes, par opposition au cerveau mammifère. Bien que ce type de comparaison puisse faciliter notre compréhension, il est trompeur. L'esprit humain doit être compris dans le cadre d'une trajectoire évolutive qui ne se manifeste pas en fonction de ce que nous voyons actuellement, mais en fonction du potentiel total d'un individu. Cela signifie que de nombreuses personnes vivent encore avec les schémas de pensée d'un homme des cavernes ou d'une personne des siècles passés. Il y a de nombreuses raisons à cela : les vies antérieures, le manque d'éducation, les aspects culturels, les traumatismes de l'enfance ou une combinaison de ces éléments peuvent être en cause.

Bien que certaines expériences nous affectent plus que d'autres, la manière dont elles nous affectent dépend également de notre réaction, et nos réactions sont liées à tout ce que nous avons déjà vécu auparavant. Cependant, grâce à l'éducation et à la formation, une personne peut s'améliorer, se remettre de son état mental antérieur et évoluer vers une forme de pensée plus élevée. Cela nécessite une certaine coopération de la part de l'individu, et c'est là que réside le problème, car ceux qui voient le monde comme une menace accepteront difficilement de l'aide ou la considéreront comme quelque chose de bénéfique.

Chapitre 2 - Dénoncer les mensonges qui divisent la société

Plus une personne est en bonne santé, plus elle est disposée à être aidée, mais elle est aussi moins susceptible d'avoir besoin d'une intervention extérieure, car elle s'aide déjà elle-même et le fait en toute sécurité. Dans ce processus, vous verrez que les gens ont tendance à s'aligner sur une certaine voie : en bas, vous verrez une personne obsédée par sa survie physique. Cela signifie voir le monde en deux dimensions, avec seulement deux options, deux divisions : moi et eux, chasseur ou proie, attaquant ou défenseur, agresseur ou victime. Cependant, il est très intéressant de noter que les personnes qui proposent une analyse du monde basée sur les dualités, bien qu'elles se présentent comme utiles aux autres, font en réalité le contraire, amenant la société à s'enfoncer dans ce faux dogme du « moi contre eux ».

Si nous voulons comprendre la vérité, nous devons rechercher ceux qui proposent des modèles qui intègrent la société dans une évolution constante de la planète. Parmi ces théories, nous trouvons les suivantes : Les personnes qui sont au sommet de notre évolution ne sont pas obsédées par le fait de recevoir, mais plutôt par le fait de donner. Elles comprennent que le monde ne peut progresser que grâce à la coopération et à une combinaison synergique d'efforts, exactement comme nous pouvons l'observer dans la nature. En effet, il est possible de considérer la nature d'un point de vue binaire, prédateur et proie, ou d'un point de vue plus large et de se rendre compte que tout le système fonctionne pour se maintenir.

Il est évident que les animaux ne savent pas ce qu'ils font, tout comme beaucoup de gens ne savent pas pourquoi ils agissent comme ils le font, mais il existe un équilibre qui maintient la nature telle qu'elle est, et cet équilibre est rompu lorsqu'un élément est supprimé. Il en va de même pour la société humaine. Sans coopération, il y aura des guerres, de la cupidité et de la destruction, et le résultat de tout cela sera la mort et l'impossibilité de progresser. En fait, les personnes les plus stupides de cette planète sont celles qui disent que l'argent n'est pas important et que tout le monde est bon s'il est traité avec respect. Elles ne savent manifestement pas sur quelle planète elles vivent ni comment fonctionne la vie. Nous avons besoin de richesse et de réalisme pour rationaliser la possibilité d'un avenir, pas d'excuses pour un présent autodestructeur.

Si nous pouvons comprendre pourquoi la société dans son ensemble n'est pas organisée pour l'évolution, mais plutôt selon la mentalité perverse de ceux qui la voient depuis le bas de notre échelle évolutive — pensant que l'évolution est une question de chance, un accident qui souffle dans le vent et finit par être saisi par certains —, alors nous pourrons considérer notre propre existence d'une manière très différente, car nous réaliserons que la plupart de ce qu'on nous dit est un mensonge, une illusion conçue pour nous maintenir alignés sur la mentalité psychotique commune à beaucoup.

Imaginez que vous vivez à une époque très primitive et que tout le monde vous dit que vous devez apprendre à lancer des javelots pour empêcher les tribus ennemies d'envahir vos terres et que la seule façon de survivre est de chasser des animaux sauvages. Vous passerez toute votre vie à penser que c'est votre réalité. Vous n'essaierez jamais autre chose. Alors, quand vous verrez quelqu'un vivre différemment, comme un ancien membre de la tribu qui a rompu avec cette folie, construit un bateau et s'est mis à vivre de la pêche et de l'agriculture, vous direz qu'il est fou. Cependant, vous ne verrez que cette autre personne est plus développée que vous que lorsque vous réaliserez que vous n'êtes pas si développé que ça. Pour voir ce fou comme quelqu'un d'évolué, vous devez réaliser que vous ne l'êtes pas.

C'est ce qui se passe dans la société actuelle. Les gens pensent que les plus évolués sont fous. On les qualifie de cupides, cyniques, perdus ou simplement arrogants. Si vous observez les mots choisis pour décrire les personnes rejetées en raison de leur évolution, vous verrez qu'ils ont tous trait à des choses que beaucoup de gens ne parviennent pas à faire : ils sont pratiques, créatifs, aventureux, courageux, recherchent de nouvelles possibilités et n'ont pas peur de penser différemment.

Les différences entre les gens sont faciles à voir dans la façon dont ils structurent leurs perceptions. Par exemple, si vous lisez beaucoup et que vous vous joignez à un groupe de personnes qui ne lisent pas, elles peuvent penser que vous lisez trop ou que vos conversations sont ennuyeuses. Mais si vous ne lisez rien et que vous rejoignez un club de lecture, elles penseront que vous êtes très stupide. Et si vous lisez plus que la personne en face de vous, mais qu'elle vous trouve stupide ? Il est évident qu'elle va vous discréditer, vous juger négativement, vous invalider et dévaloriser tout ce que vous dites, en cherchant des raisons pour rationaliser ses pensées et maintenir intacte son identité et son image de soi, de préférence supérieure à la vôtre. Il dira que vous mentez et que vous êtes fou. C'est l'état d'esprit de beaucoup de gens dans ce monde.

Chapitre 3 - Projection et perception dans un monde psychopathique

Il n'y a rien de mal à voir les choses telles qu'elles sont, mais à les percevoir telles que nous pensons qu'elles sont, car cela revient à imposer notre perception de la réalité au monde réel, au lieu de l'analyser tel qu'il est. Cette incapacité à voir la réalité telle qu'elle est est très évidente dans la façon dont les gens s'insultent, car la grande majorité de la population projette ses propres problèmes, ses insécurités et ses limites sur les autres, sans se rendre compte que les choses qu'ils observent sont le reflet d'eux-mêmes et non de la réalité elle-même.

Par exemple, un homme d'une quarantaine d'années qui vit toujours chez sa mère et qui n'arrive pas à trouver un emploi m'a traité d'enfantin et m'a dit que je ne voyais pas la réalité de manière mature ; un homme obèse qui peut à peine bouger m'a dit que je ne serais pas capable de frapper un sac de papier ; un homme qui tente d'échapper à l'impôt en mentant sur ses sources de revenus m'a traité de criminel. Un homme sans diplôme universitaire m'a dit que je ne savais pas faire de recherche ; un homme avec une petite amie très laide m'a dit que j'étais probablement vierge parce que j'étais célibataire ; un auteur qui a passé toute sa vie à écrire des livres qui ne se sont pas vendus m'a dit que je n'étais pas un vrai auteur comme lui, car il avait été publié par la maison d'édition française la plus prestigieuse. Un homme très ignorant, qui échoue toujours dans ses projets commerciaux, a déclaré qu'il était impossible de gagner de l'argent en ligne et que je mentais sur mon emploi. Une femme très grosse s'est moquée de la couleur de ma peau et a déclaré que je ne ressemblais pas à un Européen. Un Espagnol qui ressemble à un Arabe m'a dit, d'un ton humiliant, que je ressemblais à un Arabe. Une femme psychopathe, qui lutte contre une maladie mentale, a dit que j'avais l'air fou. Une femme qui n'a pas réussi à publier son premier roman et qui a abandonné ses rêves a dit que je n'avais pas l'air d'un vrai écrivain. Un narcissique, déjà diagnostiqué comme souffrant d'une maladie mentale, m'a traité de fou parce que je lui ai demandé de s'excuser pour son comportement passé.

Ce sont là des exemples réels de nombreuses personnes que j'ai rencontrées et qui m'ont insulté, ainsi que du genre de choses qu'elles ont dites. Il suffit de les regarder avec les mêmes mots qu'elles utilisent pour comprendre qu'elles parlent d'elles-mêmes. De plus, les insultes sont tellement en décalage avec ma propre réalité que je devrais remettre en question ma santé mentale pour y croire. C'est aussi pourquoi il est difficile d'éprouver de la colère envers ces personnes, car ce qu'elles disent concerne davantage elles-mêmes que la personne qui se trouve en face d'elles. C'est comme si elles reflétaient leurs propres problèmes aussi fort que possible dans un besoin de salut. Elles insultent avec des phrases qui les décrivent bien plus que n'importe qui d'autre et, dans de nombreux cas, n'ont aucun rapport avec la personne qu'elles essaient d'insulter.

Ce sont également des exemples de niveaux extrêmes de psychopathie, bien qu'ils soient très courants dans notre société. Ces personnes ne peuvent prétendre être normales que dans un monde qui connaît peu les maladies mentales. En fait, elles sont plus susceptibles d'insulter les personnes saines d'esprit, car elles peuvent clairement voir derrière leur masque. Les personnes les plus folles du monde s'en prendront toujours aux plus saines d'esprit, par crainte d'être exposées et humiliées. La peur et la honte sont les émotions qui dominent et terrifient le plus l'esprit psychopathique, et vous pouvez facilement les faire se sentir faibles en exposant ces deux caractéristiques. Vous y parvenez en observant leurs points faibles et en les mentionnant à plusieurs reprises, car les accusations ne sont que de la fumée pour détourner l'attention du vrai problème : eux-mêmes.

Cette tactique est également appelée « distorsion de la réalité », précisément parce qu'elle a été conçue pour vous faire douter de votre propre santé mentale en inversant les rôles. Ils veulent que vous pensiez que vous êtes eux afin qu'ils puissent être vous. Cela semble fou parce que ça l'est, et les personnes très folles pensent de cette façon, et elles sont majoritaires. Mais l'autre raison pour laquelle les malades mentaux inversent les rôles dans une interaction est qu'ils sont incapables d'éprouver de l'empathie pour l'autre personne. Ils inversent les rôles au cours d'une conversation et vous reprochent les choses qu'ils font parce qu'ils ne peuvent pas comprendre votre point de vue, et la raison en est liée à leur propre peur et à leur propre honte. Ils sont prisonniers de leurs propres schémas mentaux et obsédés par leur survie.

La peur et la honte rendent les gens introvertis, concentrés sur leur propre besoin de survie à tout prix, indépendamment des besoins des autres. Cependant, cela ne signifie pas que la personne est timide. Un introverti est une personne qui a intériorisé sa propre vision du monde et qui ne parvient pas à la changer lorsqu'elle interagit avec la réalité. Cette personne devient donc narcissique, non pas parce qu'elle se croit meilleure que les autres, mais parce qu'elle sait qu'elle est pire que tout le monde. Ce narcissisme est un masque créé pour distraire, humilier et rabaisser les autres. Elles agissent ainsi parce qu'elles ne peuvent pas se voir derrière leur masque et ne supportent pas d'être vues telles qu'elles sont réellement.

Chapitre 4 - Comment les narcissiques ciblent les personnes exceptionnelles

Il est tout aussi facile de complimenter ou d'insulter une personne, car ces deux possibilités sont généralement visibles. Les choses que les gens veulent le plus cacher sont leurs faiblesses, tandis que celles qu'ils exposent et mentionnent le plus sont leurs meilleures qualités. Cependant, les insécurités poussent les gens à rabaisser les autres comme mécanisme d'autodéfense. C'est comme s'ils sacrifiaient le bien-être de l'autre pour protéger le leur, exactement comme le ferait une personne très avide et égoïste, et c'est pourquoi les mêmes caractéristiques sont souvent présentes chez les mêmes personnes. Les personnes avides, égoïstes et peu sûres d'elles présentent des traits de comportement similaires, même si, la plupart du temps, l'un de ces traits est plus susceptible d'apparaître que les autres, en raison des circonstances sociales.

Souvent, le conjoint s'en rend compte plus tard, lorsqu'il est seul avec la personne.

Un narcissique fait tout son possible pour cacher ses défauts, allant jusqu'à faire des efforts irrationnels pour y parvenir, y compris mentir beaucoup, car il vit dans la peur constante d'être vu, une peur déclenchée par sa propre honte. Nous avons ici le cycle du narcissique, qui commence par la honte, passe par la colère et se termine par l'humiliation et même l'intimidation des autres. Curieusement, ce qui déclenche la honte chez les narcissiques, c'est l'amour, précisément parce qu'ils ne parviennent pas à le ressentir, ce qui les expose davantage. Lorsqu'un narcissique se sent aimé ou respecté, la honte de ce qu'il est est révélée. C'est pourquoi ils agissent comme des rabat-joie. Le bonheur des autres les met terriblement mal à l'aise. En fait, il m'a fallu des années pour comprendre pourquoi tant de gens me détestaient simplement parce que je souriais. Le sourire déclenche des insécurités chez les personnes très égocentriques et peu sûres d'elles.

Une autre façon indirecte d'irriter le narcissique est la jalousie, car il a un esprit de compétition et suppose que tout ce que les autres ont est lié à ce qu'il n'a pas. Le succès des autres le met mal à l'aise. Ils dénigrent donc les réalisations des autres ou, pire encore, détruisent leur réputation par des calomnies. Cela m'est arrivé lorsque je suis devenu populaire auprès de mes élèves. L'un des professeurs, qui n'arrivait pas à dormir la nuit, passait son temps à imaginer des moyens de me faire renvoyer. Être meilleur est tout simplement inacceptable dans un groupe où il y a au moins un individu très négatif. C'est pourquoi, dans les sociétés communistes et socialistes, où l'idée d'avoir plus est considérée comme quelque chose de maléfique et de dangereux, les gens sont extrêmement hostiles au succès de certains, et se démarquer est considéré comme un comportement antisocial.

Le contraste entre les sociétés américaine et européenne, voire asiatique, est très évident à cet égard, car si les valeurs américaines encouragent la distinction et même l'autopromotion, les valeurs européennes sont contraires à tout cela. En effet, les familles européennes les plus riches sont généralement inconnues, bien qu'elles gèrent un grand nombre de marques commerciales ayant un impact significatif sur la société. La cible des pires personnes parmi nous est assez évidente : l'individu qui se distingue comme étant le plus qualifié. C'est pourquoi tant d'hommes d'affaires célèbres affirment avoir été victimes d'intimidation pendant leur enfance.

Pour un narcissique, la pire chose qui puisse lui arriver est d'être confronté à quelqu'un d'éduqué, de respectueux, de gentil, d'intelligent et d'honnête devant tout le monde, car cela expose clairement la nature terrible du narcissique. Cela rend le narcissique fou et obsédé par l'idée de détruire cette personne. Nous pensons souvent que ces comportements sont normaux dans la société parce que nous les rencontrons fréquemment, mais ils n'ont rien de normal, précisément parce qu'ils sont conçus pour déformer la réalité en faveur du narcissique. Nous avons ici le collègue de travail qui diffame la réputation de quelqu'un qui fait simplement bien son travail et qui est admiré et respecté par beaucoup ; nous avons aussi la petite amie ou le petit ami qui détruit votre réputation auprès de vos amis et de vos proches parce qu'ils vous aiment et vous respectent ; nous voyons ces choses même dans des domaines où la qualité personnelle devrait être plus importante que la rivalité, comme la musique, la peinture et d'autres formes d'art, où l'artiste est attaqué simplement parce qu'il est célèbre. Ensuite, nous trouvons la haine contre ceux qui sont riches, alors que ceux qui les haïssent n'ont aucune idée des efforts que ces personnes ont déployés pour atteindre ce style de vie. En général, les détracteurs eux-mêmes font partie des membres les plus paresseux de la société.

Le racisme et la xénophobie sont également des traits de honte et d'insécurité, c'est pourquoi on les observe souvent dans les nations qui se sont construites en pillant d'autres nations. Vous verrez plus souvent la haine d'autres cultures et d'autres peuples chez ceux qui ont honte de leur propre passé. On observe beaucoup de racisme et de xénophobie chez les Britanniques, par exemple, car ce sont eux qui ont le plus opprimé, volé et détruit d'autres nations. La haine qu'ils éprouvent envers les Indiens et les Sud-Africains en raison de la couleur de leur peau peut être comparée à l'énorme honte qu'ils ressentent d'avoir volé des milliards de dollars à ces nations, dont les citoyens sont contraints d'émigrer vers le territoire britannique à la recherche d'une vie meilleure.

Chapitre 5 - Les racines du racisme et de la xénophobie

Les immigrants provoquent la honte des racistes locaux, qui doivent la dissimuler sous le chauvinisme. On observe un phénomène similaire chez les Américains, qui utilisent leur patriotisme pour justifier leur haine des immigrants, alors que leur nation est essentiellement composée de descendants d'immigrants qui ont volé la terre des autochtones qui y vivaient avant l'arrivée des colons. La honte des Américains provient précisément de ce manque d'identité, car ils n'ont nulle part où aller et aucun endroit qu'ils peuvent appeler leur terre. On observe un comportement similaire chez les Israéliens, pour les mêmes raisons, car ils doivent justifier leur honte par le racisme envers d'autres qui sont bien plus israéliens qu'eux et qui leur volent leurs terres.

À plus grande échelle, nous constatons que bon nombre des problèmes du monde nous détournent simplement de la cause principale de leur existence. De nombreux conflits, qu'ils soient politiques ou personnels, découlent de l'incapacité à voir la vie avec les yeux des autres, à penser comme eux et à les comprendre. Il ne s'agit pas seulement d'une caractéristique commune, mais d'un handicap mental. La situation empire lorsque notre vision de la vie est filtrée par un seul prisme.

Une personne évoluée est quelqu'un qui comprend pourquoi certaines personnes veulent en savoir et en comprendre davantage, favorisant ainsi un sentiment d'empathie pour les luttes des autres, tandis qu'une personne moins évoluée sera tellement mal dans sa peau qu'elle voudra se séparer d'un groupe pour s'opposer à un autre groupe. Ce comportement s'observe dans le sport, la fierté nationale, les groupes racistes et d'autres formes de fierté illusoire et dénuée de sens, pour lesquelles beaucoup perdent toute leur vie. Ceux qui se considèrent comme séparés des autres ont un sens de la compétitivité qu'ils tentent de cultiver à travers toutes sortes d'activités apparemment positives, y compris la lecture de livres. Nous les voyons tout le temps, car ils se considèrent supérieurs aux autres en raison du choix de leurs livres.

Certaines de ces personnes sont tellement obsédées par elles-mêmes qu'elles essaient de me vendre des livres écrits par d'autres auteurs qu'elles suivent, au lieu de me demander quel type de livres j'écris ou de faire l'effort de les lire et de comparer les informations. Cependant, cette présélection des livres, des personnes et des informations en général est précisément ce qui les rend ignorants. Ce qu'ils essaient le plus d'éviter lorsqu'ils affirment que les autres sont ignorants, c'est ce qu'ils finissent par incarner par leur comportement.

À ces caractéristiques s'ajoute le fait de poser des questions. Mes élèves les plus intelligents posaient des questions et apprenaient, tandis que les plus bêtes présumaient et jugeaient. Plus de 10 ans plus tard, les différences entre les deux groupes ne pouvaient être plus évidentes : l'équipe perdante a terriblement échoué, avec de longues heures de travail, des emplois qu'ils détestaient et de faibles salaires, tandis que l'équipe gagnante aime son travail et sa vie. L'ironie ici est que je n'ai jamais vu de corrélation entre les notes obtenues à l'université et les résultats obtenus par les étudiants par la suite. Ces résultats ont toujours été corrélés à leurs attitudes. Ils le regrettent quand il est trop tard pour apporter un changement significatif, et le coût des décisions passées est trop élevé pour permettre un espace ou un temps significatif pour ce changement, qui était autrefois à portée d'une question qui n'a jamais été posée ou d'une heure de distraction pendant laquelle l'étudiant aurait pu entendre la réponse que j'ai donnée à quelqu'un et a choisi de ne pas l'entendre.

Souvent, les gens passent leur vie les mains sur les oreilles et les yeux baissés, ignorant complètement les opportunités qui se présentent à eux. Il peut s'agir d'un professeur répondant à une question que le camarade assis derrière lui doit se poser lui-même. Ils ont choisi d'ignorer cette opportunité, et ce choix leur a coûté leur destin. Tout dans la vie est le résultat des choix que nous faisons sur ce que nous écoutons et, plus important encore, sur qui nous suivons. Les imbéciles ont généralement tendance à s'identifier à d'autres imbéciles. Il faut avoir un esprit particulier pour reconnaître la valeur de l'information. L'une des qualités de ces esprits est l'humilité.

Je n'ai jamais considéré personne comme supérieur ou inférieur à moi, et c'est peut-être l'une des caractéristiques les plus marquantes de ma personnalité, qui m'a permis de remonter la pente pour en arriver là où je suis aujourd'hui. J'analyse toujours les choses d'un point de vue plus élevé, ce qui signifie que je pose des questions et que j'essaie de comprendre le point de vue des autres. Bien sûr, j'ai souvent été trompé, car les gens mentent, et j'étais assez naïf pour prendre en considération leur point de vue. Mais même ceux qui mentent nous enseignent des leçons précieuses sur l'amour-propre et le respect de soi. Sans eux, nous ne souffririons pas, et sans la souffrance qu'ils causent, nous ne ferions pas autant d'efforts pour avoir une vie meilleure. Nous nous contenterions de moins, ou de ce qui nous semble suffisant à ce moment-là.

Chapitre 6 - Comment la peur et la conformité nous asservissent

La plupart des gens ne développent pas les qualités nécessaires pour ne pas devenir la cible des plus faibles d'entre nous. Par conséquent, pour la grande majorité, la vie est facile et se résume à faire ce que les autres font. Ils lisent les livres que tout le monde leur dit de lire et pensent comme la plupart des gens. Leur conception du bien et du mal les rend socialement acceptables pour la majorité. Elles ont très peur d'être différentes, même si elles affirment toutes être différentes.

En réalité, il est très étrange que les gens se considèrent comme indépendants alors qu'ils n'ont en fait ni la capacité de penser de manière indépendante, ni même les outils pour apprendre à le faire. Pire encore, ils ne sont pas conscients que leurs pensées ne sont pas indépendantes, car ils ne les remettent jamais en question et n'essaient jamais de les changer pour quelque raison que ce soit. Au lieu de cela, elles rationalisent que tout ce qui prouve qu'elles ont tort est faux, puis elles reprennent ce qu'elles faisaient. Le fait que certaines personnes lisent davantage ne les rend en aucun cas meilleures, et rien dans leur expérience ne justifie de croire quoi que ce soit de ce qu'elles disent ou recommandent. Elles voient le monde à partir du bas de l'échelle évolutive. Pour eux, je suis un idiot parce que je ne suis pas d'accord avec eux et que je ne veux pas lire les livres qu'ils me recommandent. Pour eux, je suis juste un chanceux, même s'il est évident que les livres qu'ils ont lus n'ont produit aucun résultat dans leur vie. Ils n'ont même pas réussi à expliquer correctement les livres, car l'auteur compliquait probablement quelque chose qui était déjà inintéressant et inutile.

Un aspect curieux de ces personnes est qu'elles préfèrent me détester pour avoir écrit des livres qui contredisent leur vision du monde plutôt que de vouloir en apprendre davantage et affronter leurs propres erreurs, peurs et insécurités. Mais c'est aussi l'effet le plus dévastateur de l'esprit sur un individu, lorsqu'il agit comme un tyran, l'empêchant de voir la réalité telle qu'elle est et le maintenant plutôt esclave de vieux schémas de pensée qui l'empêchent de voir plus loin.

Je ne suis pas nécessairement fier de lire beaucoup de livres, mais plutôt d'être très rapide pour décider quoi lire et quoi ne pas lire, et d'avoir une attitude critique à l'égard des informations qu'ils contiennent, plutôt que d'être un adepte aveugle d'une personnalité populaire. Ce qui m'a motivé à devenir écrivain, c'est précisément le constat que la plupart des livres sont mauvais et que la plupart des auteurs sont des narcissiques qui n'ont rien à dire et qui, dans certains cas, sèment encore plus la confusion. Il est intéressant de noter que cette même capacité à voir les choses telles qu'elles sont fait que beaucoup de gens me traitent aujourd'hui d'arrogant et de narcissique. Il est très intéressant de constater que lorsque vous voyez le monde tel qu'il est, les aveugles vous détestent parce que vous voyez ce qu'ils ne peuvent pas voir.

Je n'ai jamais vu autant de stupidité dans ma vie que lorsque je commence à dire aux gens que j'écris des livres pour gagner ma vie et qu'ils se rendent compte que mes livres ne correspondent pas à leur vision égoïste et infantile du monde. Leurs insécurités et leurs peurs ressortent de manière déplaisante, en particulier chez ceux qui se disent chrétiens. Il est impressionnant de voir combien d'enfer se cache sous les masques de ceux qui veulent paraître saints et font tout pour être considérés comme bons. Plus j'apprenais et écrivais, plus la haine des autres augmentait, comme si j'étais devenu une menace pour leur existence. Cela est dû au fait qu'ils ne sont qu'un numéro dans le système, dépendant terriblement de celui-ci pour se valider. Mais personnellement, je ne compare pas mes pensées à celles des autres en termes de quantité ou de qualité, mais en termes d'efficacité, qui peut s'apprendre. Il n'y a donc aucune raison d'être envieux ou honteux. En fait, il est sage de copier ce qui a donné des résultats positifs de manière efficace dans la vie d'une autre personne. C'est pourquoi, chaque fois qu'on me demande des conseils sur la façon d'écrire un livre, je réponds d'écrire une autobiographie. Au moins, vous pouvez contribuer à éclairer le monde avec vos erreurs, si ce n'est avec vos succès.

Savoir ce qu'il ne faut pas faire et pourquoi est tout aussi important que savoir ce qu'il faut faire. Beaucoup d'entre nous échouent dans la vie, tout comme d'autres ont échoué, à cause de notre ego et de notre ignorance. Rien ne contribue davantage à éliminer cette souffrance auto-infligée que les livres sur l'échec personnel. Cependant, les gens sont trop égocentriques et trop peu sûrs d'eux pour les écrire. C'est le paradoxe de la stupidité humaine : les gens se réincarnent souvent sur cette Terre, répétant exactement les mêmes erreurs pour les mêmes raisons, parce que personne ne fait rien pour éviter cela. Tout le monde est trop obsédé par sa petite vie misérable, essayant de paraître plus important qu'il ne l'est réellement, pour se soucier des autres. Sauf que si tout le monde est comme ça, alors nous sommes également inclus. L'esprit égoïste ne peut pas comprendre cela.

Chapitre 7 - L'évolution de la perception

Au sommet du chemin évolutif en tant qu'être humain, vous ne voyez plus la réalité comme bonne ou mauvaise, mais comme intéressante ou inintéressante, ou comme une information efficace ou une opinion personnelle inutile. C'est fascinant quand les gens se mettent en colère parce que vous dites que leurs opinions n'ont aucune valeur. Ils pensent vraiment que leurs opinions ont de la valeur, sans raison particulière. La grande majorité des gens sont incapables de comparer le moi au tout et se considèrent comme des entités distinctes, mais, ironiquement, ils recherchent la validation du tout. Ainsi, ils ne parviennent pas à faire la distinction entre ce qui leur appartient et ce qui ne leur appartient pas, présumant que tout leur appartient, en particulier lorsque cela est validé par le Tout.

Cela inclut leurs pensées, qui sont généralement le reflet de ce qu'elles voient les autres penser. Elles présument ensuite que la norme est ce qui a été normalisé et que tout ce qui sort de ce spectre n'est pas normal. Elles apprennent donc à le craindre, mais ne remettent jamais en question leurs propres croyances. Au contraire, elles laissent ces mêmes croyances les conditionner. Si quelqu'un leur dit le contraire, elles le rejettent. En fait, il m'a fallu des années pour comprendre pourquoi tant de gens évitaient de me parler, jusqu'à ce que je réalise qu'ils ne pouvaient tout simplement pas discuter avec quelqu'un qui remettait en question tout ce qu'ils croyaient être vrai. Plus vous en savez, plus les imbéciles qui créent leur identité sur la base d'opinions populaires vous rejetteront, car vous leur causez une crise d'identité. Beaucoup de personnes que j'ai rencontrées m'ont même dit qu'elles ne pouvaient pas dormir ou faisaient des cauchemars à cause de ce que je leur avais dit. Les cauchemars sont le moyen que l'esprit trouve pour lutter contre lui-même lorsqu'il est contredit et émotionnellement remis en question. Un cauchemar est une insécurité qui refait surface pour être surmontée. Cependant, cela n'arrive jamais, car l'individu a trop peur d'affronter ses insécurités. C'est pourquoi il fait des cauchemars.

Un résultat encore plus surprenant est lorsque les gens nient non seulement les faits, mais aussi la réalité qui les accompagne. Beaucoup de personnes que j'ai rencontrées disent littéralement que je ne suis pas un véritable écrivain parce que je ne corresponds en rien à leur conception des écrivains. Elles sont tellement imprégnées de stéréotypes et de rôles sociaux qu'elles ne parviennent pas à comprendre que l'écriture d'un livre n'est pas liée au statut social, mais à la connaissance, et que la connaissance n'est validée ni par l'espace ni par le produit dans lequel elle est présentée, mais par son efficacité. En d'autres termes, elles sont incapables d'évaluer les informations qui se cachent derrière les images sociales. C'est comme si elles étaient restées coincées toute leur vie dans une vision enfantine, où tout doit rentrer dans une boîte et où le monde n'est rien d'autre qu'un ensemble d'objets dans des boîtes. Elles ne comprennent pas la fluidité de la réalité.

C'est la même raison pour laquelle les gens sont fatalistes et présument que tout est figé dès la naissance. C'est encore pire lorsque les médecins disent que toutes les maladies sont génétiques ou que l'intelligence ne change pas. Ce mensonge est perpétué dans le monde entier parce que les gens sont trop stupides pour imaginer une réalité où les choses changent. Cette vision du monde remettrait en question tout ce qu'elles croient être vrai et leur ferait réaliser qu'elles ont été trompées par le monde auquel elles font confiance. Elles n'y parviennent pas, alors elles choisissent de croire que rien ne change et que vous n'êtes qu'une copie de tous les autres dans la boîte à laquelle vous appartenez. C'est pourquoi les gens me demandent où je suis né et passent des heures à en parler, comme si l'information sur mon lieu de naissance contenait tout ce qu'ils ont besoin de savoir sur moi. Cela m'indique deux choses : d'une part, qu'ils invalident toute mon existence et mon identité ; d'autre part, qu'ils se perçoivent de la même manière.

Je constate exactement le même problème chez ceux qui me disent vouloir écrire un livre, car ils me posent toujours des questions sur la manière de le promouvoir et de le vendre. Parmi les nombreuses personnes qui me posent ces questions, je n'ai jamais rencontré quelqu'un qui m'ait réellement demandé ce que les gens veulent lire ou comment écrire un bon livre. Tout le monde est obsédé par l'idée de devenir écrivain, et non par celle de justifier son choix. Tout le monde est désespérément en quête de validation, pas de valeur. Les gens sont malades mentaux, et écrire un livre ne changera rien à cela, mais ils pensent que leurs réalisations leur permettront de gagner le respect dont ils ont besoin pour se sentir dignes de la vie qu'ils ont gâchée.

Cette idée vient d'une mentalité égoïste, selon laquelle les gens pensent pouvoir imposer leur volonté aux autres, même s'ils écrivent des bêtises. Nous en arrivons donc à un monde où la plupart des livres ne valent pas la peine d'être lus et où de nombreux lecteurs lisent des sottises. Dans les deux cas, ils se complètent à l'extrémité inférieure de l'échelle évolutive, car l'un écrit pour se sentir important, tandis que l'autre lit pour se sentir important. Il faut une âme beaucoup plus évoluée pour écrire des livres qui valent la peine d'être lus, tout comme il faut un lecteur plus évolué pour les reconnaître. C'est pourquoi je dis que je ne pourrais pas exister sans mes lecteurs, car nous faisons tous partie du même système, et je ne serais pas surpris si, en comprenant mon propre écriture, ils écrivaient des livres que j'aimerais lire.

Chapitre 8 - Comment l'ignorance collective façonne notre monde

Une idée n'a de valeur que si la majorité la valorise ; par conséquent, nous avons le monde que nous considérons comme pertinent parce que nous rendons tout le reste insignifiant. Cette formule peut s'appliquer à tout, y compris à la technologie, à l'ingénierie et aux affaires. Comme de nombreux inventeurs l'ont découvert, une bonne invention dans un monde d'imbéciles ne génère pas de profits, car les imbéciles ne voient pas la valeur de ce qui leur est proposé. C'est facile à comprendre si vous imaginez remonter le temps et apporter une télévision à une société qui devait chasser pour survivre, car ce divertissement les distrairait suffisamment longtemps pour qu'ils finissent par se faire tuer. À un moment donné, ils se rendraient compte que la télévision était en fait une addiction qui compromettait leur capacité à survivre en tant que tribu. Aujourd'hui, la télévision joue un rôle très différent, car les gens la considèrent comme un moyen d'échapper à la réalité et de se détendre. Sans la télévision, la plupart des gens deviendraient probablement fous à l'idée de leur propre existence.

Un philosophe ne peut pas avoir beaucoup d'amis pour cette même raison, et les philosophes sont mal interprétés comme des personnes qui perdent leur temps à réfléchir à des futilités, car la majorité de la société ne sait pas réfléchir, ne voit pas l'intérêt de le faire et n'aime pas le faire. En apprenant à réfléchir et en commençant à réfléchir efficacement, vous prenez conscience de votre propre misère, ce qui est exactement le contraire de ce que les gens recherchent lorsqu'ils se distraient en compagnie d'autres personnes et à travers de nombreuses formes de divertissement.

Je me souviens quand une enseignante m'a donné les résultats de mon examen national de philosophie et m'a dit : « Nous ne savons pas comment vous avez fait, mais vous avez obtenu la meilleure note de tout le pays ». Elle faisait référence à la surprise de nombreux professeurs de philosophie face à ma note. Ils étaient surpris parce qu'ils ne comprenaient pas comment un adolescent pouvait mémoriser autant de complexité et l'expliquer aussi bien dans un examen. Cependant, je n'ai pas été surpris par ma note, car je comprenais ce que ces philosophes disaient et j'ai trouvé les questions de l'examen très faciles par rapport à la quantité d'informations que je pouvais transmettre. En fait, j'ai écrit beaucoup plus que je n'aurais dû, précisément parce que je pouvais voir l'application de tout ce que ces philosophes expliquaient. Cependant, à l'époque, je ne me rendais pas compte que les professeurs de philosophie ne voyaient pas autant que moi, et je les considérais comme de mauvais professeurs, qui avaient tendance à compliquer les choses simples.

Ces professeurs essayaient d'évaluer de la même manière qu'ils se voyaient eux-mêmes, en régurgitant des informations qu'ils ne pouvaient pas assimiler. Et pourtant, nous avons ici une société d'imbéciles qui jugent les autres uniquement en fonction de leur position sociale. Où voit-on cela ailleurs ? Partout ! Même les idiots à l'aéroport pensent qu'ils peuvent m'empêcher d'entrer et de sortir d'un pays pour cette raison. Ils ne savent généralement pas, ne comprennent pas et ne se soucient pas du véritable objectif de leur position. Ils se considèrent comme précieux en raison du pouvoir qu'ils ont de restreindre les autres. Mais quelle autre réponse puis-je donner à quelqu'un qui me demande : « Combien de temps comptez-vous rester dans ce pays ? » Comme si la bonne réponse n'était pas « aussi longtemps que la loi me le permet » ?

La dernière fois que je suis entré en Thaïlande, on m'a dit que deux mois, c'était trop long pour rester dans le pays, ce à quoi j'ai répondu : « C'est ce à quoi j'ai droit selon la loi ». Il m'a alors demandé pourquoi je n'avais pas réservé d'hôtel pour deux mois, et j'ai répondu : « Parce que je ne sais pas encore si vous allez me laisser entrer ». Des réponses simples que ces idiots ne comprennent pas parce qu'ils ne savent pas faire leur travail correctement. C'est le même problème partout dans le monde. Les gens confondent leur autorité avec le but de leur travail, car ils ne savent pas ce qu'ils font. Ils ne font que jouer un rôle qui n'a aucune signification réelle. C'est encore plus évident avec les porteurs de bagages, qui cassent toujours les valises des voyageurs. Je n'ai jamais traversé un aéroport grec sans voir une valise neuve complètement cassée. Cela en dit long sur l'état d'esprit de ces personnes.

Il est intéressant de noter que lorsque les gens ne parviennent pas à gérer leur vie, précisément parce qu'ils ne parviennent pas à gérer toutes les incohérences des réalités auxquelles ils sont confrontés, ils doivent imaginer des explications imaginaires à leur existence et continuer à justifier ce qui leur arrive, au lieu de réaliser que les problèmes qu'ils attirent sont causés par leurs propres choix. C'est certainement le cas de nombreux Grecs, Portugais et Espagnols qui mériteraient de recevoir un coup de poing dans la figure, mais qui pensent qu'être grossier avec les autres, sans autre raison que la couleur de leur peau, justifie leur manque de professionnalisme et de civilité. Mais ce qui est encore plus intéressant à propos des mensonges que les gens acceptent, c'est à quel point ils peuvent se contredire sans s'en rendre compte.

Chapitre 9 : La spirale de l'évasion

Les gens disent souvent que l'argent n'est pas important, mais ils vivent dans la crainte de perdre leur emploi et passent huit heures par jour à faire quelque chose qu'ils n'aiment pas pour gagner leur salaire. Ils disent aussi que leurs amis et leur famille sont les personnes les plus importantes dans leur vie, mais ils passent toute la semaine à travailler avec des étrangers. Ils disent que le bonheur vient de l'intérieur, mais ils pensent toujours à voyager ailleurs. Elles disent qu'une bonne nourriture et un climat agréable sont importants, mais elles veulent souvent vivre dans des régions plus froides si elles peuvent obtenir un meilleur salaire. Elles disent qu'une bonne santé est très importante, mais elles mangent constamment pour le plaisir, même lorsque ce qu'elles mangent nuit à leur santé. Cette hypocrisie s'étend à ce qu'ils disent aux autres de penser et de faire, car c'est ce qu'ils veulent qu'ils fassent, et non ce qu'ils feraient réellement eux-mêmes. Par exemple, ceux qui me disent que je devrais rester au même endroit et ne pas voyager ne peuvent aller nulle part. Donc, ce que je fais doit être mauvais, car ils ne peuvent pas l'avoir. C'est la vision limitée d'un adulte immature.

Bien que la tristesse et la dépression soient des états émotionnels normaux, tout comme le bonheur, il y a une raison pour laquelle les états négatifs sont plus courants, et cela est dû aux paradigmes illusoires qui conduisent tant de personnes à se méprendre sur elles-mêmes et sur la vie. Plus une personne attribue les réponses à ses problèmes et à ses émotions à quelque chose en dehors d'elle-même et de ses propres choix, plus elle rationalise les causes comme étant justifiées et plus elle entre rapidement dans une spirale descendante dans son état mental. Ce type de pensée est exactement ce qui maintient les gens au bas de l'échelle évolutive et la raison pour laquelle ils ne parviennent pas à sortir de la situation dans laquelle ils se trouvent.

Beaucoup pensent qu'ils peuvent se débarrasser de leurs problèmes avec plus d'argent, mais ce n'est pas vrai, car leur façon de penser les ramènera au point où ils en sont, précisément parce qu'ils ont appris à s'identifier à elle. Prouver que vous avez tort, c'est accepter que toute une existence a été gâchée parce que vous aviez tort, ce qui engendre de la culpabilité et de la honte. C'est pourquoi les gens ne peuvent pas faire face à l'introspection. Plus une personne échoue dans la vie, moins elle veut faire l'introspection de son propre comportement. On ne peut pas amener une personne obsédée par l'idée de fuir sa propre vie à réfléchir à son comportement, et c'est pourquoi les adolescents n'écoutent généralement pas ceux qui leur disent que les drogues nuisent au cerveau et au corps.

On dit qu'il faut être humble pour trouver la vérité, mais cette humilité n'a rien à voir avec la façon dont nous traitons les autres, mais avec la façon dont nous nous voyons nous-mêmes.

Nous devons être capables de reconnaître notre honte et notre culpabilité avant de prendre la responsabilité de notre vie. Il est utile de pouvoir compter sur une puissance supérieure, Dieu, pour vous guider, et de considérer ce Dieu comme votre objectif ultime, et non vous-même, car il n'y a pas de limite à ce que vous considérez comme votre vrai moi. Ce sont en réalité les deux seules options qui s'offrent à vous, car soit vous êtes aligné sur une intelligence supérieure, soit vous êtes soumis au système de croyances du collectif et vous agissez toujours comme un pion dans ce jeu.

Bien qu'il puisse sembler plus facile de renoncer au contrôle personnel sur notre destin, cela comporte beaucoup plus de risques. Les gens peuvent avoir des origines et des personnalités différentes et donc réagir différemment aux défis de la vie, mais tous traitent l'information de la même manière et filtrent la réalité selon les mêmes lois de l'esprit. C'est pourquoi nous ne pouvons pas dire qu'il y a subjectivité, sauf en ce qui concerne nos choix personnels. Les niveaux de reconnaissance les plus élevés incluent l'amour comme une émotion qui nous comble, que ce soit lorsque nous nous dirigeons vers les choses qui nous rendent heureux ou lorsque nous contribuons au développement de la planète. C'est pourquoi la solitude n'est pas naturelle pour un être humain. La seule façon pour une personne de se sentir bien seule serait d'être consciente que ce qu'elle produit dans ses moments de solitude communique avec les autres personnes qui l'entourent et crée des changements importants qui exigent un tel sacrifice. C'est pourquoi nous observons cette attitude plus fréquemment chez les artistes et les leaders.

Beaucoup de gens aujourd'hui ne se rendent peut-être pas compte qu'ils sont seuls, mais le manque de contact physique, d'interactions en face à face et l'utilisation constante des réseaux sociaux pour tout type de communication nous montre qu'ils sont réellement seuls. Les nombreuses distractions actuelles ne changent rien à cette réalité. Lorsque vous êtes aux côtés de quelqu'un, il y a bien plus que des mots qui s'échangent : il y a aussi des émotions, des perceptions et une certaine quantité de communication non verbale. Dans l'ensemble, ces interactions à plusieurs niveaux nous aident à mieux comprendre ce que signifie être humain.

Chapitre 10 : L'esclavage mental dans un système contrôlé

L'une des choses les plus importantes concernant l'être humain que les gens semblent oublier en raison de l'interaction constante dans le monde virtuel est l'appréciation. Les gens sont désormais trop obsédés par eux-mêmes et leurs besoins, et ont tendance à oublier l'importance de reconnaître la valeur d'un autre être humain. Cela est facile à comprendre lorsqu'on interagit avec un enfant, par rapport à la plupart des adultes, car l'enfant attend de vous que vous lui souriiez, répondiez à ses questions et lui disiez au revoir lorsque vous partez. Ce n'est pas le cas des adultes, qui souvent ne regardent même pas les enfants dans les yeux. Les enfants sont également plus réceptifs aux cadeaux que les adultes. Un enfant sourit lorsque vous lui offrez quelque chose, tandis qu'un adulte commence à s'interroger sur vos intentions.

Ces différences de comportement ont de nombreuses causes, et nous pourrions même dire que l'enfant est naïf, mais la vérité est que l'adulte a appris à intérioriser ses pensées et à se méfier des autres. Bien que ce comportement soit prévisible, il ne peut être considéré comme normal. Les adultes mettent beaucoup de temps à faire confiance, ce qui rend les interactions difficiles, raison pour laquelle beaucoup de gens vivent dans la solitude. Cependant, l'ignorance de ces faits rend les gens encore plus isolés qu'ils ne devraient l'être, du moins dans de nombreuses cultures du monde modernisé. En passant plus d'heures à interagir avec des algorithmes et moins avec des personnes, les masses deviennent encore plus obsédées par leurs propres croyances, simplement parce que le monde virtuel reproduit constamment ce qu'elles aiment faire pour exiger plus d'interaction et d'attention.

Si nous inversons ce paradigme et considérons comment l'individu change grâce à l'interaction avec les autres, nous voyons que la difficulté du changement apparaît comme une cristallisation de ce qui existe déjà : ses croyances intériorisées sur lui-même, les autres et la planète. Le résultat de cet état d'esprit est que davantage de personnes agissent avec arrogance et, en même temps, sont naïves par rapport aux choses qu'elles croient vraies. C'est comme dire que, parce que vous connaissez votre maison, vous connaissez le reste du monde. Les gens présument alors qu'ils ont raison parce que leurs résultats dans la vie sont toujours les mêmes, au lieu de se rendre compte que leurs résultats sont prévisibles parce que leurs choix sont toujours les mêmes.

Cela présente deux avantages pour le système : d'une part, les gens sont facilement endoctrinés et contrôlés parce qu'ils ne veulent pas changer le paradigme imprimé dans leur esprit ; d'autre part, l'individu devient prévisible. Cependant, cette prévisibilité est bénéfique pour le système, mais pas pour l'individu, qui devient esclave de son propre esprit. Cet esclavage mental se reflète dans la manière dont les gens traitent l'information. Par exemple, on me demande souvent comment je parviens à me faire facilement des amis dans n'importe quel pays, et la réponse surprend généralement ceux qui me posent la question. Comme les gens sont obsédés par leur propre vision du monde, ils ne se rendent jamais compte que la seule façon de se faire de nouveaux amis est de faire quelque chose de différent de ce que font les autres. La réponse simple est de créer le chaos. Il faut semer le chaos dans la réalité des autres pour qu'il y ait un changement de comportement. Cela signifie engager la conversation avec des inconnus, organiser vos propres événements et explorer de nouvelles façons de penser qui correspondent aux tendances que vous observez.

Bien sûr, les gens peuvent être offensés par votre comportement et déconcertés par vos tentatives de conversation, mais cela fait partie du processus, et tout le monde ne réagira pas de la même manière. En comparant les différentes réactions, vous pouvez reformuler une meilleure stratégie et vous y adapter. Cependant, ce qui arrive à la plupart des gens, c'est qu'ils croient en quelque chose qui n'est pas vrai et en font une partie de leur personnalité. Et quand quelque chose ne fonctionne pas, ils inventent une raison pour cela. C'est ce qu'on appelle la rationalisation d'observations qui peuvent être vraies ou fausses. Souvent, les gens se contentent d'une réponse, même si elle ne résout rien.

Cela me rappelle un incident avec une ancienne amie. Tous les garçons de notre groupe d'amis s'intéressaient à elle et lui prêtaient constamment attention, en particulier un garçon qui m'insultait toujours avec des blagues de mauvais goût et la raccompagnait chez elle en voiture. En fait, quand je les ai rencontrés, je pensais qu'ils formaient un couple, mais je me suis rendu compte plus tard que sa communication non verbale montrait qu'ils n'étaient pas ensemble et qu'elle n'était pas intéressée par lui. Il n'avait absolument aucun avantage, même s'il croyait vraiment qu'être à ses côtés et l'emmener faire un tour en ville dans sa voiture aboutirait à quelque chose. Puis, elle a commencé à montrer des signes d'intérêt pour moi, alors que tous les autres membres du groupe ne voyaient pas ce qui se passait. Les choses ont évolué entre nous, mais lorsque le reste du groupe nous a vus ensemble, ils ont été choqués et certains ont même dit : « Comment cela a-t-il pu arriver alors que vous vous parliez à peine ? » En gros, j'interprétais la communication non verbale, qui me donnait beaucoup plus d'informations que ce que les gens disaient ou voyaient.

Chapitre 11 - L'importance négligeable de ce que les gens disent

En général, ce que les gens disent est faux ou complètement hors de propos. Les gens parlent pour se sentir importants, pas parce qu'ils ont quelque chose à dire. Ils sont plus susceptibles d'exprimer leurs insécurités et leurs besoins dans leur façon de parler que de dire quelque chose qui mérite une réponse. Et même si vous répondez à ce qu'elles disent, elles sont généralement tellement obsédées par elles-mêmes qu'elles ne prêtent pas attention à ce que vous dites, à moins qu'elles ne puissent l'utiliser pour paraître plus pertinentes dans la conversation. Vient ensuite la moquerie avec les autres. C'est une façon enfantine pour les personnes peu sûres d'elles de se sentir validées dans un groupe, et cela a souvent plus à voir avec ce qu'elles ressentent qu'avec ce qu'elles peuvent voir.

La plupart des gens ne voient vraiment rien, ils ne peuvent que faire des suppositions. Les gens ne savent rien, mais font beaucoup de suppositions. Tout le monde a une opinion sur des choses dont il ne sait rien. À ma grande surprise, beaucoup de gens qui n'ont jamais écrit un livre de leur vie, qui n'ont jamais travaillé pour une maison d'édition, veulent me donner des conseils sur la façon d'écrire des livres et s'offusquent lorsque je rejette leurs propos comme étant complètement absurdes. Ils pensent que ce qu'ils croient, sur la base de l'opinion populaire, est plus vrai que ma propre expérience de vie ou l'argent que je gagne grâce à mes connaissances.

Chaque fois que vous sortez de votre zone de confort, vous serez inévitablement confronté à des idiots qui défendront avec acharnement leur droit de ne jamais l'avoir fait. « Vous avez tort parce que tout le monde ici est d'accord avec moi » est probablement la chose la plus stupide que j'ai jamais entendue. Cependant, elle avait plus de 70 ans, ce qui prouve que les gens peuvent être stupides toute leur vie et ne jamais apprendre quoi que ce soit qui justifie leur existence sur cette planète. Lorsque vous voyez les gens pour ce qu'ils sont, et non pour ce qu'ils disent, vous voyez beaucoup plus derrière leurs masques, et alors ils vous détestent vraiment. Pourquoi ne vous détesteraient-ils pas ? Vous mettez en évidence leurs insécurités. Mais la vérité est que leur propre existence est une insulte pour tous les autres, car elles ne signifient rien. Elles ne sont que de fausses répliques de ce qu'elles admirent et veulent imiter ; ce ne sont pas de vraies personnes. Elles n'ont pas d'identité propre. Souvent, elles ne parviennent même pas à expliquer leurs propres sentiments. Cela s'explique par le fait que la plupart de leurs émotions sont déclenchées par des croyances et des insécurités inconscientes, et non par des événements rationnels de leur vie qui les justifient.

Voir les Européens me regarder avec horreur pendant que je bois un expresso est aussi difficile que d'essayer d'expliquer cela à d'autres Européens qui refusent de me croire. Il est difficile de parler de comportements étranges dans un monde où les gens étranges considèrent cela comme normal. Lorsque vous le montrez, les gens créent de nouvelles illusions pour nier ce que leurs yeux voient. Ils ne peuvent rien voir avec leur conscience limitée. Les gens sont tellement stupides que vous pouvez répéter la même phrase plusieurs fois et ils feront quand même ce qu'ils veulent, c'est pourquoi c'est souvent une perte de temps totale d'essayer d'expliquer quelque chose à quelqu'un qui est tout simplement trop stupide. Je peux répéter deux fois que la personne à côté de moi n'est pas « thaïlandaise », mais si la personne à qui je parle pense qu'elle l'est, elle essaiera de lui parler en thaï pour confirmer son opinion. Il en va de même lorsque des Turcs ou des Serbes insistent pour me parler dans leur langue maternelle, même après que je leur ai dit que je ne la comprenais pas. Beaucoup de gens sur cette planète sont vraiment stupides. C'est pourquoi nous avons besoin de robots, non pas pour les remplacer, mais pour avoir un peu de bon sens et d'intelligence dans un monde où il n'y en a pas et où la plupart des gens ne sont que des automates défectueux qui s'obstinent à croire à des données erronées.

Les êtres humains sont inutiles pour les tâches les plus simples à cause de leur stupidité. La plupart sont mentalement retardés et ne sont aptes à aucun travail, pas même celui de servir du café. Car, comme je l'ai souvent constaté, ils sont incapables de se souvenir d'une simple commande et, pire encore, ils refusent d'admettre qu'ils ont commis une erreur. Dans des pays comme la Lituanie et la Macédoine du Nord, les gens sont tellement stupides que vous pouvez leur dire n'importe quoi et ils vous répondront autre chose. En Lituanie, les gâteaux que je commandais étaient souvent recouverts de cheveux, car ils s'en moquaient. Je me demande à quel point une personne doit être malade mentalement pour mettre un gâteau avec des cheveux dessus dans une assiette et le servir à un client de cette façon. C'est incroyable. Les Lituaniens sont incroyablement fous. Mais il est impossible de dire ces choses aux gens qui vivent dans leur propre monde, car non seulement ils ne peuvent pas le voir, mais ils l'interprètent comme une attaque contre leur pays. Quand je dis à mes étudiants chinois que leur pays est pollué, ils me répondent que seuls les étrangers en souffrent, comme si leurs cerveaux communistes illusoires étaient adaptés à respirer des niveaux toxiques de pollution et que leur peuple ne mourait pas du cancer. Il est difficile de comprendre les imbéciles quand ils se battent pour le droit de rester imbéciles.

Chapitre 12 - Comment la perception façonne notre vie

Ceux qui ne voient pas très bien seront toujours surpris par ce que ceux qui voient peuvent accomplir, car ils n'ont vraiment aucune idée de la façon dont la vie fonctionne. La plupart des gens sont tellement stupides qu'ils créent constamment leur propre karma au quotidien sans s'en rendre compte. Ils ne voient que les réactions à leur comportement, jamais ce qu'ils font de mal, car ils sont incapables d'empathie ou de voir les choses sous différents angles. Les Polonais sont un parfait exemple de cette mentalité. Je n'ai jamais vu de gens aussi grossiers et stupides que les Polonais.

D'un autre côté, votre vie doit être perturbante et offensante pour les autres si vous voulez en avoir une. Ceux qui brisent les idées préconçues se font toujours des ennemis, d'abord parmi les personnes qu'ils connaissent, puis parmi les étrangers. Et à moins que vous ne parveniez à semer le chaos dans votre réalité, vous finirez par vous conformer aux attentes des autres. La peur de ce que les autres pensent est le raccourci le plus rapide pour ne jamais devenir quelqu'un de digne d'intérêt et ne réaliser aucun rêve. Se conformer aux attentes des autres est la dernière chose que vous devriez vouloir, car cela vous rendra toujours malheureux. Vous pouvez faire plus pour vous-même en créant des divergences. En fait, vous n'aurez jamais de désaccords avec ceux qui ne sont pas déterminés à vous empêcher d'avancer, car ils sont eux-mêmes en phase avec leurs besoins et ne fuient pas leurs responsabilités.

Quand il n'y a pas de désaccord, les gens rationalisent ce qu'ils observent pour donner un sens à leur vie, et c'est là qu'ils en viennent à penser que vous devez avoir un truc pour obtenir les résultats qu'ils n'arrivent pas à obtenir, ou que vous pouvez, d'une manière ou d'une autre, manipuler les autres pour qu'ils fassent ce que vous voulez. Tout ce qui sort de leur zone de confort est toujours un grand mystère magique ou, au mieux, une fraude. La plupart des gens ne parviennent pas à voir comment la vision qu'ils ont des autres se reflète dans les résultats de leur propre vie.

L'entêtement des gens s'applique également à la recherche d'emploi. Comme je l'ai souvent constaté, les gens refusent de croire tout ce avec quoi les autres ne sont pas d'accord, même si cela peut compromettre leur propre avenir. Lorsque j'ai essayé d'expliquer à mes étudiants comment ils devaient se comporter pour trouver un emploi, ils ont ignoré ce que je leur disais. J'ai même essayé de leur dire que j'avais dirigé de nombreuses entreprises avant de travailler comme professeur d'université, mais ils ont probablement pensé que je mentais. Leurs autres professeurs n'avaient aucune expérience dans quoi que ce soit, pas même dans l'enseignement. Par conséquent, lorsque nous parlons d'intuition, nous parlons évidemment aussi d'efficacité et de pragmatisme. Si les gens ne voient pas ce qui est évident, ils ne sont pas seulement stupides, mais aussi incapables de survivre. Si les gens ne savent pas qu'un conseil augmentera leurs chances de survie, avec un meilleur emploi et un meilleur revenu, ils ne sont tout simplement pas assez intelligents pour survivre. Et malheureusement, comme le système est conçu pour que les gens se sentent partie intégrante d'une structure contrôlée par d'autres, il les conduit également à ce retard. C'est pourquoi le chaos est nécessaire pour que l'évolution se produise, même s'il est provoqué par des effondrements financiers et des guerres.

Un autre problème des retardés mentaux est que, comme ils ne peuvent pas faire la différence entre une croyance et un fait, ils s'obstinent dans leurs croyances pour protéger leur estime de soi, car ils pensent que celle-ci est plus importante que leur survie. C'est une autre conséquence de la mentalité moutonnière créée par un système hiérarchique.

Pendant un certain temps, j'ai pensé que la façon dont les gens pensent ou leurs raisons pouvaient avoir des causes différentes selon leur formation culturelle, mais j'en suis ensuite arrivé à la conclusion qu'elles reposaient sur les mêmes principes. En fait, à la base de l'échelle évolutive, les gens pensent de la même manière. La différenciation vient plus tard, lorsqu'ils apprennent à penser de manière indépendante. Jusque-là, les gens sont émotionnels dans leurs décisions, et non rationnels. Par conséquent, si vous répondez à leurs besoins émotionnels, ils seront plus enclins à accepter ce que vous dites. Plus ils sont infantiles, plus ils seront susceptibles d'accepter tout conseil basé sur des liens émotionnels.

Le résultat d'une société retardée est donc une société dysfonctionnelle, car dans un tel environnement, les gens traitent mal les clients, se plaignent de choses insignifiantes et travaillent le moins possible. Lorsqu'ils votent ou prennent une décision importante, ils votent pour ceux qui leur promettent le plus de bonheur, même si ce que ces dirigeants disent est complètement illogique et même dangereux.

Chapitre 13 - La prise de décision et l'illusion de la logique

Les décisions importantes liées au vote pour élire ceux qui doivent être au pouvoir, tout comme les décisions prises lors d'entretiens d'embauche, sont motivées par le besoin de satisfaire des besoins émotionnels. J'ai essayé d'expliquer cela à mes élèves, mais ils étaient trop obsédés par leurs propres liens émotionnels pour reconnaître quand quelqu'un essayait de les aider. Plus tard, ils se sont retrouvés dans des emplois qu'ils détestaient, tout en me disant qu'ils auraient aimé avoir ma vie. Ce cycle se répète partout et depuis des générations. C'est pourquoi je pensais qu'enseigner était une perte de temps totale. Les gens sont trop stupides pour être éduqués.

Même si je pensais au départ que les étudiants universitaires seraient plus indépendants et plus compétents, c'est tout le contraire : ils sont les pires, car ils sont déjà complètement endoctrinés par les mœurs de la société. Ils sont parfaitement adaptés à un monde qui n'existe pas, il n'est donc pas surprenant que tant d'étudiants universitaires se retrouvent au chômage.

L'un des cours les plus inutiles que j'ai jamais donnés était en Lituanie. J'ai offert à une classe d'étudiants tout ce que je savais sur la réussite dans la vie, des principes que j'ai appris tout au long de ma vie, et ils les ont tout simplement ignorés. Beaucoup d'entre eux étaient probablement trop concentrés sur mon apparence et la couleur de ma peau pour s'en soucier, car ils semblaient trop racistes et stupides pour écouter un seul mot de ce que j'expliquais. Comme eux, la plupart des gens sur cette planète sont complètement inutiles. Leurs yeux ne voient rien et leurs oreilles n'entendent rien. Le seul espoir pour l'humanité réside dans les enfants, mais si les parents les empêchent d'apprendre plus efficacement et les traitent de stupides parce qu'ils posent les bonnes questions, tous les efforts seront vains.

De plus, les parents désapprouvent généralement les enseignants qui tentent d'éduquer leurs enfants plus efficacement, car ils ne sont pas d'accord avec leurs méthodes. Ce faisant, ces parents nuisent à l'avenir de leurs propres enfants, reproduisant un système déjà dysfonctionnel. Au lieu de faire de leurs enfants de meilleurs adultes, ils les rendent aussi inutiles qu'eux-mêmes.

Nos émotions ont leur raison d'être, mais elles ne sont pas l'aspect le plus important d'une prise de décision efficace. Souvent, nous utilisons nos émotions de manière irrationnelle, motivés par la peur et les traumatismes. Cependant, comme les gens sont fondamentalement motivés par leurs émotions et se basent sur les aspects irrationnels de leur esprit, c'est-à-dire sur des expériences qu'ils ont oubliées mais qui affectent encore leur processus mental et leur capacité à prendre des décisions cohérentes et logiques, ils filtrent toute leur réalité en fonction de ces aspects irrationnels. Beaucoup de croyances que les gens ont n'ont absolument aucun sens, mais ils ne parviennent pas à s'en rendre compte, même lorsque nous leur montrons, et c'est ce que signifie être inconscient.

Cette situation peut être observée dans divers aspects de la société, tels que la politique, l'éducation et la religion. Par exemple : « Je fais cela parce que tout le monde est d'accord pour dire que c'est ainsi qu'il faut faire ». Et bien que nous ne puissions ignorer le fait que la façon dont nous réagissons émotionnellement affecte la façon dont nous sommes perçus, c'est-à-dire que nous devons créer une communication empathique pour être compris, il est difficile d'avoir de l'empathie pour les idiots parmi nous. Ils ne sont pas conscients de leur propre inconscience, mais insistent sur le fait que le problème vient de vous, pas d'eux.

Un exemple de cela a été une situation en Grèce où quelqu'un a continué à faire des erreurs avec mon billet de ferry et m'a quand même dit que j'étais le problème, alors que les messages montraient clairement qu'elle n'avait rien lu correctement. J'ai vu la même chose dans de nombreux autres pays, où les gens font beaucoup de suppositions sur ce qu'ils lisent, mais ne parviennent même pas à comprendre ce qu'ils lisent. C'est à ce point qu'elles sont éloignées de la réalité. Elles ne peuvent pas regarder les mots en face et font des suppositions sur ce qui n'est pas écrit.

Nous connaissons tous des gens qui présument des choses que nous n'avons jamais dites parce que c'est ainsi que leur cerveau fabrique une réalité, comme si les autres n'étaient que des objets dans ce film mental. Plus une personne se situe bas dans le spectre de la conscience, plus elle est susceptible de faire des suppositions. C'est pourquoi les malades mentaux perçoivent toujours des menaces là où il n'y en a pas, comme lorsque les dames britanniques serrent leur sac à main contre elles lorsque je suis près d'elles ou s'enfuient lorsque je marche, comme si j'étais une menace pour leur existence. Beaucoup de gens ont des problèmes mentaux qui dépassent toute compréhension logique.

Pour ces raisons, lorsque nous parlons de communication empathique et d'empathie envers autrui, nous devons être conscients que ces attitudes ne doivent pas être appliquées de la même manière dans tous les scénarios. Une personne souffrant de troubles mentaux courants verra ces qualités comme des menaces, tandis qu'un psychopathe les verra comme des faiblesses à exploiter. Comme le psychopathe le sait, tout le monde a des boutons émotionnels sur lesquels on peut appuyer, et si une personne est plus empathique, il sait qu'elle est plus susceptible d'être d'accord avec ce qui est dit, même s'il s'agit d'un mensonge. Les politiciens le font tout le temps pour obtenir des votes. Si vous faites la même chose lors d'un entretien d'embauche, vous obtiendrez le poste, même si vous n'avez pas les qualifications requises, et c'est pourquoi les psychopathes n'ont aucun mal à trouver un emploi et occupent souvent des postes de direction. Le service des ressources humaines, en particulier, regorge souvent de psychopathes. C'est là que commencent les problèmes d'une entreprise avec ses employés.

Chapitre 14 - Travailler pour un monde meilleur

Si vous êtes une personne très rationnelle, vous serez en désaccord avec un monde qui refuse de réfléchir et vous dira que vous réfléchissez trop. Les personnes émotionnelles ne se soucient pas de la raison, car elles sont mues par l'émotion : le besoin de plaisir et d'éviter la douleur, ou le besoin de confort et d'éviter l'inconfort. Elles peuvent vous détester simplement parce que la couleur de votre peau les met mal à l'aise, comme cela m'est déjà arrivé dans toute l'Europe. De plus, si vous ne souriez pas aux gens, si vous n'essayez pas d'avoir de l'empathie pour eux ou si vous ne répondez pas à certains déclencheurs sociaux, les gens vous détesteront tout simplement, même si vous n'avez rien fait pour justifier ce comportement. Si vous ne me croyez pas, essayez de vous promener dans la société en parlant normalement, mais sans jamais ressentir d'empathie pour personne, sans jamais sourire, sans jamais parler d'intérêts communs, et vous verrez cela.

Cela nous montre que les gens sont encore, en grande partie, à l'état animal, et non à l'état humain du chemin évolutif. Ils n'utilisent pas la rationalité, sauf pour assimiler les menaces dans leur environnement, qui sont perçues en grande partie par leurs sens illusoires. L'idée que nous devons montrer de l'émotion pour faire preuve d'empathie n'est pas un signe d'évolution, mais le contraire : une démonstration d'un manque de qualités intellectuelles suffisamment développées. Montrer que nous ne sommes pas une menace pour ceux qui nous considèrent comme tels n'a rien à voir avec la civilité, mais tout à voir avec le fait de céder à la pression d'une personne mentalement malade. Cela est très évident lorsque quelqu'un affirme que je suis victime de racisme à cause de la couleur de mes vêtements. Il est ridicule de justifier le comportement d'une personne mentalement malade et de lui permettre d'être considérée comme quelqu'un de normal. Le besoin des gens de voir les choses comme normales alors qu'elles ne le sont pas perpétue l'anormalité du monde.

La raison pour laquelle les scientifiques qualifient ces choses de comportement humain normal est aussi pertinente que l'association du comportement humain normal avec le comportement des rats, qu'ils analysent systématiquement pour comprendre les êtres humains. Cependant, la science, et la psychologie en particulier, ne s'intéresse qu'aux théories élaborées à partir de l'observable, car c'est là que se trouve l'argent, et les scientifiques travaillent pour de l'argent, pas gratuitement. Ainsi, l'étude des significations plus profondes est sans importance pour eux et reléguée au domaine de la philosophie ou de la religion. Ils assimilent ce qu'ils ne peuvent pas mesurer non pas à leur propre ignorance, mais au domaine de la croyance culturelle.

La science, cependant, n'est qu'une des nombreuses façons dont les gens appliquent leurs propres croyances, et c'est pourquoi l'évolution semble si lente et difficile, en particulier pour ceux qui sont en première ligne et qui tentent de pousser tous les autres vers un monde meilleur. Il n'y a aucun intérêt pour un monde meilleur, car personne ne croit que cela soit possible, et aucun effort cohérent n'est fait pour rendre cette possibilité pertinente. Les gens sont trop préoccupés par leurs vies mesquines et leur besoin de réputation et de validation pour se soucier d'un monde dont ils ne verront peut-être jamais l'amélioration. Un monde dans lequel les efforts de changement se heurtent à la résistance des personnes qui pourraient bénéficier de ces changements, sans parler de celles qui en souffriront. Peu importe à quel point vous êtes innovant et créatif, à quel point vous travaillez dur, car le reste du monde essaiera toujours de vous en empêcher, de vous ralentir, de vous repousser ou, littéralement, de vous tuer si vous en demandez trop à tout le monde et qu'ils se sentent menacés. C'est pourquoi tant de médecins holistiques, qui proposent des remèdes à des maladies extrêmement lucratives, finissent par mourir dans des suicides apparents.

De nombreuses figures importantes de notre histoire ont également été assassinées parce qu'elles étaient trop exigeantes. On les qualifiait de cupides, cyniques, trop controversées. Ce sont des mots que la société utilise lorsqu'elle se sent dérangée par des personnes qui réfléchissent trop. En fait, quand vous en savez beaucoup plus que n'importe qui d'autre, plus que tous ces idiots qui ne savent rien et qui sont pleins d'eux-mêmes, on vous dit de moins réfléchir, de ralentir, de vous détendre davantage. C'est ce que les gens me disent tout le temps, non pas parce que je réfléchis trop, mais parce qu'ils sont trop stupides, qu'ils ne réfléchissent pas et qu'ils ne comprennent pas ce que je dis. Le fait que je réfléchisse plus qu'eux les irrite. Et le fait que je lise beaucoup plus qu'eux les irrite, car cela expose leur ignorance. Cependant, personne ne m'a jamais dit qu'il ne comprenait pas ce que je disais. Ce qu'ils disent généralement, c'est qu'il y a trop d'informations pour qu'ils comprennent ou qu'ils doivent beaucoup lire quand j'écris.

Beaucoup de ces personnes recherchent des raccourcis, des réponses à des questions complexes qui ne nécessitent pas beaucoup de temps d'étude et d'assimilation, ou, dans le meilleur des cas, des réponses qui correspondent à leurs propres attentes. En d'autres termes, elles transfèrent leur problème à d'autres personnes, comme si ce n'était pas elles qui étaient trop stupides pour résoudre leurs propres problèmes, mais moi, parce que je n'ai pas de réponses plus simples ou qui correspondent à leurs attentes.

Chapitre 15 - La résistance au changement et à l'évolution

Les gens ont un conditionnement cérébral qui les empêche de changer : une mentalité primitive qui les pousse à suivre ce qu'ils connaissent plutôt qu'à évoluer. La vérité est que vous pouvez juger une personne par l'environnement dans lequel elle vit, car elle s'y adapte rapidement. En effet, une enquête de la U.S. Travel Association a révélé qu'environ 40 % des Américains n'ont jamais voyagé à l'étranger. Au Canada, une enquête d'Ipsos Reid a révélé le même chiffre : environ 40 % des Canadiens n'ont jamais fait de voyage international. Selon une enquête du Foreign & Commonwealth Office, environ 35 % des adultes britanniques n'ont jamais voyagé à l'étranger. De plus, on estime qu'environ 50 % des personnes au Royaume-Uni vivent à moins de 32 kilomètres de leur lieu de naissance. Si tels sont les chiffres de certaines des nations les plus riches, on peut facilement estimer que la majeure partie de la population mondiale ne sait absolument rien de la planète sur laquelle elle vit.

Selon l'Organisation mondiale du tourisme des Nations Unies (OMT), environ 1,4 milliard de touristes internationaux ont été enregistrés dans le monde en 2018. Cependant, ce chiffre ne représente qu'une fraction de la population mondiale, ce qui indique qu'une partie importante de la population n'a jamais voyagé à l'étranger. La plupart des gens vivent encore comme des paysans médiévaux. Ils ne savent presque rien, sauf ce qu'on leur permet de savoir. Pourtant, beaucoup ne lisent pas, ne s'instruisent pas et ridiculisent ceux qui le font. Cela n'a aucun sens. C'est comme être ridiculisé pour avoir évolué à partir d'une bande de singes qui décident de vivre dans le même arbre et de manger des bananes pour toujours.

La vérité est que plus une personne est stupide, plus elle s'attend à ce qu'une réponse soit simple, car elle s'attend à ce que son propre monde soit plus simple. Elle ne veut pas de désagréments, ne veut pas changer et se battra pour son droit de ne pas changer. Les guerres sont liées au refus de changer ; sinon, vous sauriez que vous pouvez simplement faire vos valises, déménager ailleurs et recommencer à zéro. En fait, il est ridicule de regretter un pays qui n'avait rien à offrir avant le début de la guerre et qui, de toute façon, n'allait nulle part. Que vous soyez entrepreneur, écrivain, peintre ou même musicien, vous devez vouloir changer d'environnement si vous voulez vous améliorer, car il est littéralement impossible d'être significatif en tant qu'individu si vous vous réduisez au spectre de la réalité visible qui vous entoure. Tous les grands penseurs appréciaient la complexité, qui vient de l'exploration de ce que nous ne savons pas.

L'une des erreurs les plus courantes que commettent les gens est d'assimiler tout ce qu'ils veulent à ce dont ils ont besoin et, dans leur arrogance, de croire que la richesse doit correspondre à l'achat d'une grande maison où ils sont nés, à la possession d'un bureau pour impressionner les autres et à la fréquentation d'endroits que les autres considèrent comme des signes de validation sociale. Une fois, j'ai rencontré une femme qui m'a dit qu'elle voulait visiter les Maldives, mais elle vivait au milieu de l'Europe, à quelques heures de bus et à quelques heures de plusieurs pays, et elle n'était jamais allée dans aucun d'entre eux. Et pourquoi visiter les Maldives et pas les pays qui l'entourent ? La validation sociale ! La même raison pour laquelle les gens veulent écrire un livre sur des futilités.

Ce qui est intéressant, c'est que, comme les gens ont tendance à trop compliquer leurs suppositions en fonction de leurs croyances, ils ne parviennent pas à voir les réponses les plus simples qui se trouvent devant eux, qu'il s'agisse d'un livre qu'ils ne liront jamais ou n'envisageront jamais de lire, ou d'un auteur qu'ils refusent d'écouter parce qu'ils n'aiment pas ce qu'il dit et que cela les met mal à l'aise. Mais, comme je le dis toujours à ceux qui ont de grands rêves, tout se fait étape par étape. Il n'est pas possible de comparer mes résultats en tant qu'écrivain à ceux d'une personne ordinaire, car j'ai passé toute ma vie à me préparer à cela, même sans savoir que ce serait ma carrière. Cependant, des personnes qui n'ont pas d'expérience de vie significative, mais seulement un ego démesuré, peuvent se comparer à quelqu'un qui a travaillé toute sa vie comme professeur d'université, consultant en affaires et spécialiste en pédagogie. Comment cela peut-il avoir un sens ?

Les gens sont tellement aveuglés et arrogants qu'ils pensent qu'il existe un raccourci pour acquérir autant de technique, de connaissances et d'expérience de vie. Et comment est-il possible de résumer des milliers de livres en une conversation de cinq minutes ? Les gens croient que c'est possible, alors ils insistent là-dessus et disent ensuite que je parle trop quand je réponds. Pourquoi parlerais-je trop, à moins que je ne sois pas intéressé à leur donner les réponses qu'ils ne veulent pas entendre d'après mon comportement ?

L'attitude d'une personne en dit long sur elle, et la plupart des gens n'ont tout simplement pas l'attitude de quelqu'un qui s'engage à atteindre ses objectifs. Notre attitude est le reflet de nos pensées, qui contrôlent nos décisions et nos actions. La cohérence de ces pensées et de ces résultats détermine les résultats financiers et même la santé d'une personne. Si vous n'aimez pas les fruits et les légumes, vous aurez probablement des caries, un cancer et la maladie d'Alzheimer.

Chapitre 16 - Le décalage entre les attentes

L'argent est un moyen de transaction et, en tant que tel, il va là où le flux est le plus important. Ce flux est déterminé par l'attention et la valeur sociale, c'est pourquoi le papier toilette se vend mieux que les livres. Cependant, dire que le papier toilette est plus important que les livres serait absurde. C'est pourquoi la logique et la popularité ne coïncident pas toujours avec la valeur réelle, et la valeur ne reflète pas toujours les objectifs financiers. Vous avez plus de chances de devenir riche en résolvant des problèmes que les gens veulent résoudre qu'en écrivant des livres que personne ne veut lire, même si ces livres fournissent les réponses dont les gens ont besoin.

C'est pourquoi la richesse n'est pas corrélée à l'illumination spirituelle. Quand quelqu'un me demande combien d'argent je gagne en vendant des livres spirituels, il part d'un mauvais point de vue et me montre à quel point il est ignorant de la réalité, de l'argent et de la spiritualité. En fait, vous ne toucherez pas beaucoup de gens avec des sujets spirituels à moins qu'ils ne soient prédestinés à les apprendre, ce qui signifie qu'ils ont déjà atteint un certain niveau de conscience qui les rend prêts pour ces sujets. C'est pourquoi l'idée que lorsque l'élève est prêt, le maître apparaît est aussi valable pour les livres que pour la thérapie, car ceux qui consultent un thérapeute ont la décence de reconnaître qu'ils ont des problèmes à résoudre, tandis que ceux qui sont trop fous pour avoir conscience d'eux-mêmes ne le feront jamais. Tout comme ceux qui ne lisent pas sont ceux qui ont le plus besoin de lire, ceux qui pensent ne pas avoir besoin de thérapie sont ceux qui en ont le plus besoin.

Le problème, c'est que les choix que nous faisons mènent au monde dans lequel nous devons tous vivre, que nous devons tous expérimenter et que nous devons tous appeler réalité. Nous sommes donc prisonniers d'une société composée de personnes incompétentes et irrationnelles, qui agissent par instinct, comme des animaux sauvages. Une société où tout le monde veut payer pour des petits papiers qui nettoient le cul, mais où personne ne veut d'un papier qui nettoie le cerveau de la merde qui s'y trouve et qui pue, parce qu'ils ne voient pas à quel point il est laid et sale. Cependant, la vérité est que les racistes, les nationalistes et les xénophobes n'ont probablement rien appris dans leurs cours d'histoire et ont besoin de beaucoup d'éducation. Les grossiers, les chauvins et les narcissiques ont besoin de beaucoup de thérapie, car ils ne savent rien d'eux-mêmes. Et les autres, qui ne peuvent même pas être classés dans une catégorie, sont tellement perdus qu'ils devront probablement passer par la mort pour apprendre quelque chose d'utile, car ils ne comprendront rien à la spiritualité, même s'ils essaient.

Lorsque Bouddha, il y a plus de deux mille ans, a affirmé qu'il fallait pratiquer le détachement par la méditation pour surmonter la douleur, il ne disait pas qu'il fallait être apathique à son égard, mais qu'il fallait se connaître soi-même pour savoir comment on cause sa propre souffrance. Cette pratique nécessite de l'introspection, et la méditation était la façon dont les gens y parvenaient dans le passé. Aujourd'hui, nous disposons de nombreuses autres méthodes qui permettent d'y parvenir, mais beaucoup de gens refusent encore de les utiliser. Cependant, si davantage de personnes étaient conscientes de leur stupidité, elles ressentiraient probablement le besoin de lire davantage.

Cependant, les personnes très ignorantes n'ont pas conscience d'elles-mêmes, et c'est pourquoi elles ne font rien pour changer cela. En attendant, leur vie telle qu'elle est ne leur impose pas suffisamment de pression pour qu'elles ressentent le besoin d'apprendre et d'investir dans leur propre éducation, même lorsqu'elles sont accablées par diverses pressions et souffrances. En conséquence, ils n'aiment pas payer pour des livres, mais n'ont aucun problème à payer pour des bouteilles d'eau, souvent remplies avec la même eau que celle de la cuisine. Ils affirment également ne pas avoir d'argent pour se nourrir, mais dépensent le peu qu'ils ont pour des choses futiles. En fait, les gens se soucient trop du prix de la viande et pas assez du prix des fruits, car ils ne s'alimentent pas correctement. C'est peut-être l'un des signes les plus évidents que les animaux, à tout le moins, sont plus intelligents en matière de santé. Il faut un certain niveau de conscience pour comprendre l'importance de ces choses, et beaucoup de gens sont très perdus. Cependant, ils pensent que la motivation résoudra leurs problèmes, comme si un fou déterminé valait mieux qu'un imbécile sans motivation.

À cet égard, le psychopathe a un avantage, car au moins il reconnaît que la connaissance lui donne un avantage sur les autres. Le problème du psychopathe est qu'il n'est pas très doué pour la cohérence et qu'il cherche donc des raccourcis. Le besoin de réponses courtes est une tendance psychopathique dans notre société, car seule une personne en bonne santé cherchera à comprendre plus en profondeur, et non pas seulement à obtenir des solutions rapides pour la vie et à avoir un avantage sur les autres. Plus une personne est malade mentalement, moins elle est capable d'assimiler des points de vue différents. C'est pourquoi elle ne veut pas faire l'effort d'avoir de l'empathie et de comprendre des points de vue différents, comme lire beaucoup.

En effet, il est logique que de nombreux entrepreneurs embauchent des psychopathes pour diriger leurs entreprises, car ils souhaitent obtenir des profits plus élevés en moins de temps. Cependant, il n'est pas non plus surprenant que ces mêmes psychopathes mènent les entreprises à la faillite après les avoir aidées à réaliser des profits. Nous pensons que ces événements sont dus aux fluctuations du marché et de l'économie, mais nous ne faisons pas le lien entre ces deux éléments : les psychopathes et les fluctuations du marché. Pourtant, l'avenir d'une entreprise, tout comme celui d'un pays, peut être prédit avec précision en se basant sur le caractère des personnes qui prennent les décisions les plus importantes.

Chapitre 17 - L'isolement des personnes développées

Le plus grand problème, souvent invisible pour ceux qui peuvent réfléchir mais ne comprennent pas ce monde, est qu'il est en grande partie dirigé par des psychopathes et des attardés. Ceux qui sont normaux et mènent une existence organisée et prévisible sont constamment confrontés à une jalousie dissimulée derrière des justifications qui n'ont généralement aucun rapport avec les faits. Dans ce monde, les personnes les plus compatissantes, attentionnées, empathiques et intelligentes sont considérées comme faibles, naïves et constamment rejetées par le reste de la société comme si elles étaient inférieures, inefficaces et même inutiles. Le contraire est vrai, mais on ne peut pas s'attendre à ce que les psychopathes, qui ne parviennent pas à manipuler et à contrôler ces individus, ni les grandes masses de retardés mentaux, qui valorisent leurs émotions au détriment des résultats, même lorsque ces résultats affectent leur propre survie, voient ces choses.

La seule voie pour ceux qui sont plus évolués que le reste de l'espèce humaine sera la même que celle qu'ils ont empruntée au cours des derniers millions d'années : quitter leur tribu (autre mot pour désigner la famille et la culture) et faire l'expérience de la solitude, en commençant une nouvelle vie avec une famille ou seuls.

Le point commun à toutes ces histoires est la réciprocité, car une croyance n'est efficace que s'il y a réciprocité. Si vous avez des connaissances, des croyances et une conscience avancée de la vie, mais que vous n'êtes pas accepté, vous n'avez pas de réciprocité, peu importe à quel point vous avez raison, et c'est ce qui vous isole. C'est le problème auquel ont été confrontés de grands inventeurs tels que Nikola Tesla. En substance, Tesla n'était pas doué pour la communication empathique, car il ne s'y concentrait pas. Son attention était beaucoup plus évoluée, car il se tournait vers l'avenir et non vers les besoins émotionnels des autres. En conséquence, il est mort seul dans une chambre d'hôtel, avec pour seuls amis des pigeons, voyant le monde changer sous ses yeux grâce à ses inventions, sans que son nom soit reconnu. Quelle existence triste, mais aussi très révélatrice du type de monde dans lequel nous vivons. Tesla n'était pas ignorant, il était simplement trop en avance sur son temps.

Dans un monde de fous, les tyrans et les dictateurs ont plus de chances d'obtenir reconnaissance et respect, et c'est pourquoi tant de psychopathes ont profité de cette stupidité collective pour plonger le monde dans davantage d'ignorance, d'abus et de guerres qui ont tué des millions de personnes. Les inventions de Nikola Tesla auraient pu provoquer une grande révolution dans le monde, mais elles auraient signifié la fin des profits du pétrole, du gaz et de l'électricité. Ce serait un nouveau monde d'opportunités égales, dans lequel les banquiers qui ont financé les nouvelles inventions n'augmenteraient plus leur richesse et personne ne pourrait contrôler l'approvisionnement en énergie. Ce monde se développerait extrêmement rapidement, car nous n'aurions pas une ou deux nations dominant toutes les autres, mais une planète entière contribuant au même progrès. Les gens ne seraient plus aussi obsédés par la satisfaction de leurs besoins fondamentaux en nourriture et en eau, mais investiraient dans leur éducation et dans le progrès de la planète.

Dans ce monde, les hiérarchies ne pourraient plus exister, car elles se révéleraient inutiles. Par conséquent, les psychopathes, motivés par la cupidité, ont veillé à ce que ce monde n'existe jamais et ont depuis lors tenu toute vision d'une telle réalité loin des gens ordinaires. Il ne peut y avoir de guerres à moins que les gens ne soient trop stupides pour comprendre pourquoi elles ont lieu et qui en profite, et c'est généralement le cas. Cela a été le cas dans le passé, et c'est encore le cas aujourd'hui, comme le montrent les guerres récentes.

Par exemple, les gens ne réalisent pas que les États-Unis ont financé et formé des organisations terroristes, telles que Daech et d'autres groupes extrémistes, afin de les aider dans leur guerre capitaliste contre les gouvernements qui s'opposaient aux intérêts américains et européens. Lorsque les États-Unis ont décidé qu'il était plus rentable de financer les deux camps du conflit, ils ont décidé d'envoyer leurs propres soldats mourir, car une vie humaine était devenue très bon marché par rapport aux milliards qui pouvaient être gagnés grâce au commerce des armes. Les masses, endoctrinées par ce qu'elles lisent et voient, pensent qu'il y a une guerre contre le terrorisme, alors qu'en réalité, ce qui se passe, c'est la destruction complète du Moyen-Orient et la transformation de nations démocratiques en tyrannies absolues au profit des idéaux européens et américains. Les victimes pauvres et sans abri de ces guerres doivent chercher refuge dans des nations qui les traitent avec un mépris et un racisme absolus, tout en gagnant un salaire souvent inférieur à la moyenne de la population de ces nations, juste pour rester en vie.

Lorsque la Russie a décidé de se défendre contre une invasion imminente des États-Unis via l'Ukraine, les masses ont une fois de plus choisi d'être stupides et ont exigé la fin de cette guerre, alors qu'elles ne l'ont jamais fait dans aucune des plus de 30 autres guerres menées par les États-Unis et l'OTAN sans autre raison que leur propre cupidité. Comme si cela ne suffisait pas, les masses ont une fois de plus prouvé avec quelle facilité elles peuvent cibler et discriminer un groupe de personnes lorsque les psychopathes au pouvoir leur disent de le faire, en haïssant les Russes en raison de leur nationalité.

Chapitre 18 : Le conducteur silencieux des guerres et des préjugés

Nous nous sommes déjà demandé par le passé comment les gens pouvaient se retourner contre des nations et des groupes entiers, et nous avons vu comment le monde entier s'est retourné contre les Russes en raison de leur nationalité lorsque la Russie a envahi l'Ukraine en 2022. Du jour au lendemain, les Russes n'ont plus pu retirer d'argent de leurs comptes bancaires parce qu'ils étaient nés dans le mauvais pays. Nous avons vu la même chose lorsque Israël a envahi Gaza en 2023, et que les gens ont considéré le meurtre de milliers d'enfants comme justifié pour des raisons politiques. En discutant avec des personnes de différentes nations des problèmes du monde et des nombreux conflits auxquels nous assistons encore, j'ai réalisé qu'elles n'avaient aucune idée de la raison pour laquelle les choses se passent comme elles se passent. Souvent, elles apportent leurs propres émotions et besoins personnels à la conversation, comme s'il s'agissait d'un argument pour trouver une logique à leurs croyances.

Les Américains et les Britanniques font la même chose, et c'est pourquoi ils ne protestent pas contre les guerres au Moyen-Orient, où des personnes de couleur et de religion différentes des leurs meurent. Ils protestent contre les guerres en Ukraine parce que ces personnes ressemblent davantage à ce qu'ils considèrent comme un être humain normal : des Blancs et des chrétiens. Le racisme est très vivant aujourd'hui parce qu'il est une caractéristique des personnes stupides, et le racisme justifie de nombreuses guerres parce qu'il est motivé par des émotions personnelles, souvent enracinées dans une image illusoire de soi et dans une ignorance totale de l'histoire et de la science. Bien qu'ils ne le disent pas ouvertement, la principale raison pour laquelle ils approuvent certaines guerres et pas d'autres est toujours motivée par leur vision émotionnelle du monde.

Il en va de même pour le choix des partenaires de vie, car les gens ont des relations sexuelles avec des personnes qui semblent différentes d'eux pour s'amuser, mais ne considèrent que quelqu'un qui leur ressemble pour fonder une famille. J'ai remarqué que les couples interraciaux sont rares parce que les gens ne considèrent pas l'amour comme une priorité, mais plutôt comme le résultat d'une combinaison d'autres éléments qui ont échoué dans leur vie. Ils épouseront quelqu'un qu'ils n'auraient jamais envisagé si l'alternative était de rester seuls. Encore une fois, c'est une décision prise par des désirs égoïstes, et non par amour.

Je ne m'attends pas à ce que beaucoup de ces personnes l'admettent, et il y a certainement toujours des exceptions, mais il y a des avantages à avoir des capacités télépathiques qui vont au-delà de ce que beaucoup sur cette planète sont prêts à admettre à propos d'eux-mêmes et de leur monde. En fait, il est ridicule d'envisager un paradis sur Terre à moins d'être prêt à partager ses pensées. Plus vous devez vous cacher, moins vous pouvez être considéré comme quelqu'un prêt pour une transition significative qui ne signifie pas revenir ici et tout recommencer. Quand on arrive à lire les gens pour ce qu'ils sont, on se rend compte à quel point ils résistent à leur propre honnêteté. Ils font cela parce qu'il est plus important pour eux de paraître être une bonne personne que d'être réellement une bonne personne. C'est pourquoi beaucoup de gens n'admettent pas qu'ils sont racistes, même s'ils font tout le temps des commentaires et des remarques racistes.

Elles me rappellent une amie qui disait aux gens qu'elle était végétarienne, mais qui ne pouvait pas passer une journée sans manger de viande. Elle s'est fâchée lorsque j'ai décidé d'arrêter de manger de la viande. Si vous êtes une personne éthique, lorsque les menteurs ne peuvent pas admettre leurs mensonges, il est de votre devoir de les dénoncer comme tels, peu importe à quel point ils protestent et vous traitent de menteur pour avoir révélé leurs mensonges. De plus, il est normal et assez ironique que vous soyez accusé de faire ce que font les menteurs, car c'est ainsi qu'ils réagissent lorsqu'ils sont démasqués.

Il n'y a pas de meilleur contexte pour juger du comportement et des valeurs des gens que lorsqu'ils choisissent un partenaire. C'est à ce moment-là que leur vraie nature se révèle. En fait, la raison pour laquelle beaucoup de gens trouvent difficile de trouver un bon partenaire pour la vie est qu'ils ne pensent pas à cette dynamique, ni même à la façon dont ils appliquent leurs propres illusions à leur comportement. La vérité est que les femmes comme les hommes recherchent une certaine réciprocité lorsqu'ils cherchent un partenaire pour la vie, qu'ils soient hétérosexuels ou non, et indépendamment de leurs intérêts sexuels. Il y a même des hommes qui croient qu'ils peuvent épouser une femme virtuelle et qu'ils mourront pour elle si elle correspond à ce dont ils ont besoin.

Quand il s'agit d'êtres humains, cette réciprocité a tendance à être plus complexe et inclut le contact visuel, la communication non verbale, les sourires et les questions. Il faudra beaucoup de temps aux gens pour s'en rendre compte, surtout s'ils pensent que l'intelligence artificielle peut remplacer leur besoin de validation lorsqu'ils ont des illusions sur eux-mêmes et ne se connaissent même pas très bien. Notez qu'une personne intéressée posera des questions et que si quelqu'un est très silencieux, c'est probablement qu'il n'écoute pas. Cependant, il y a une différence entre être poli et être honnête. Une machine dotée d'une IA ne sera pas assez honnête pour provoquer des conflits. Mais un bon ami doit le faire.

Chapitre 19 : Les forces irrationnelles qui façonnent notre monde

Le besoin de réciprocité et de validation sociale commence lorsqu'il y a une prise de conscience de certains aspects qui correspondent à des intérêts ou à des besoins personnels. Cependant, sans conscience de soi, la réciprocité peut conduire à une plus grande illusion sur soi-même, comme c'est le cas lorsque les gens s'associent à ceux qui leur disent ce qu'ils veulent entendre, plutôt que la vérité. Pour les hommes, ces besoins ont tendance à être associés à la validation sociale et à l'attirance physique, raison pour laquelle ils peuvent s'intéresser à une femme de mauvaise moralité si elle est bien habillée et suffisamment féminine. Pour les femmes, la validation est également associée à des aspects physiques et sociaux, mais dans ce cas, elle est attribuée non pas tant au genre qu'au revenu et à la position sociale de l'homme, c'est-à-dire à la quantité de pouvoir implicite ou explicite qu'il détient.

Le pouvoir implicite peut être lié à l'influence sociale et aux finances, tandis que le pouvoir explicite est la possession réelle d'une position qui confère automatiquement du pouvoir. Les femmes sont automatiquement attirées par ces hommes pour des raisons évidentes, auxquelles elles ne pensent même pas, bien qu'il s'agisse d'une pulsion biologique qui existe depuis des milliers d'années. D'un point de vue plus primitif, il est évident que ces hommes sont plus enclins à dominer et à surpasser les autres. Ils ne sont pas nécessairement les plus empathiques, c'est pourquoi les femmes affirment être maltraitées dans leurs relations, même si l'empathie n'a jamais été un critère dans le choix de leur partenaire.

Les hommes qui accèdent à des postes de pouvoir et de contrôle ont tendance à être psychopathes, mais les femmes ne parviennent pas à le voir ainsi, et c'est pourquoi beaucoup d'entre elles disent que tous les hommes sont pareils. Lorsque j'ai demandé aux femmes qui disent que tous les hommes sont pareils de me décrire ces hommes, elles ont mentionné un très petit pourcentage de la société, y compris des hommes que je rencontre rarement et des hommes avec lesquels je n'envisagerais même pas de travailler ou d'avoir comme amis. En substance, la plupart des femmes sont attirées par les psychopathes parce qu'ils déclenchent davantage de mécanismes d'attraction. Par conséquent, la plupart des femmes se reproduisent avec le pourcentage le plus bas du spectre masculin, et c'est là que se trouvent les psychopathes. L'ironie ici est que plus une femme se sent insécurisée, plus elle est susceptible d'être attirée par un homme dominant, généralement un psychopathe.

Ainsi, lorsque nous parlons de violence domestique ou de femmes soumises à des hommes très possessifs, nous ne parlons pas vraiment d'inégalité ou d'une guerre des sexes, mais plutôt d'un problème très spécifique.

Les femmes peu sûres d'elles sont attirées par les hommes possessifs et dominateurs, qui, à leur tour, sont plus enclins à la violence et à la maltraitance psychologique, précisément parce qu'ils ont besoin de dominer les autres par la force pour se sentir valorisés. Ainsi, nous détruisons toute une société parce que les femmes sont très émotives dans leurs choix et choisissent les hommes les plus violents, en plus de choisir des hommes sans empathie. En affirmant que le monde continue à répéter les mêmes luttes, nous ne reconnaissons pas que cela se produit parce que les gens continuent à faire les mêmes choix et à se reproduire pour les mêmes raisons, perpétuant ainsi le même type de gènes.

De plus, l'éducation, sous ses différentes formes, renforce les croyances populaires pour des raisons commerciales. Il est intéressant de noter, par exemple, que les histoires d'amour, qu'elles soient destinées aux enfants ou aux adultes, mettent toujours en scène des hommes puissants — princes, rois et hommes d'affaires — qui séduisent la femme la plus naïve, la plus solitaire et la plus rêveuse. L'indépendance croissante des femmes a-t-elle changé cette dynamique ? Les statistiques montrent que les femmes divorcent plus souvent et sont plus susceptibles de rester seules, élevant des enfants avec différents hommes pour exactement les mêmes valeurs et les mêmes raisons. Ne pas aborder ces questions peut nous rendre plus tolérants, mais ne pas juger ce qui se passe sur la base des données connues ne changera pas les résultats.

En substance, quelle que soit la question, nous constatons que la dynamique du monde a changé pour s'adapter aux besoins émotionnels des gens, et non parce que cela a du sens. Lorsque les gens disent que l'amour est plus important que la raison, ils disent littéralement que des motifs irrationnels basés sur des émotions enracinées dans des suppositions illusoires ont plus de sens pour eux. Les gens se moquent de la logique ou de la raison, car ils contournent toutes les règles et modifient toutes les lois pour répondre à leurs besoins émotionnels. C'est pourquoi il existe tant de lois pour les scénarios les plus ridicules. À mesure que la société deviendra plus anormale et mentalement malade, le nombre de lois augmentera, mais pas l'ordre. Les lois ne feront que poursuivre le chaos, qui continuera à se répandre dans le monde. Bien qu'il existe un moyen d'organiser naturellement la société, il existe de nombreuses façons de vivre le chaos, et il n'y a pas de limite au nombre de lois que nous pouvons créer pour renforcer un ordre qui ne sera jamais compris ou accepté.

Chapitre 20 : Les racines psychopathiques de la guerre et des conflits

Ceux qui ne parviennent pas à vivre dans ce monde chaotique sont condamnés à l'isolement et à l'extinction, ce qui explique pourquoi le taux de suicide chez les hommes d'âge mûr continue d'augmenter, atteignant quatre fois celui des femmes. Personne ne se soucie de ces hommes. Les femmes s'en moquent certainement, car elles les ont exclus de leurs critères de sélection des partenaires. Les psychopathes s'en moquent également, car ils ont probablement abusé d'eux. Les psychopathes dominent par la force et sont avides. Le seul espoir pour ces hommes réside en eux-mêmes, dans leur isolement, et c'est pourquoi tant d'hommes de plus de 40 ans ne se marient jamais et n'ont pas d'enfants.

Nous arrivons à un autre paradoxe : si vous n'aimez pas la société telle qu'elle est, vous devez néanmoins l'étudier et l'assimiler si vous voulez survivre, surmonter la maladie mentale et réussir. Vous ne serez peut-être jamais d'accord avec ce que pensent et font les psychopathes, mais vous devez néanmoins les étudier. Il faut savoir comment ils voient le monde et quels sont leurs plans pour trouver une issue au chaos. Nous ne pouvons pas non plus ignorer la violence causée par les psychopathes dans ce monde. Dans un monde rempli de psychopathes, les conflits surgissent au quotidien et nous toucheront si nous exigeons simplement d'être respectés, car les psychopathes manquent constamment de respect. Ils considèrent la politesse comme une faiblesse et contribuent ainsi à ce monde.

Dans des pays comme la Grèce, le Portugal, l'Espagne, la Pologne et la Lituanie, il y a tellement de psychopathes que nous finissons par nous disputer pour les choses les plus simples, car les habitants de ces pays sont extrêmement irrespectueux. Le manque de respect est si courant dans ces pays qu'ils diront que cela fait partie de leur culture. Dans leur monde, il n'y a pas de place pour les accords ou la coexistence pacifique. Pour eux, vous êtes soit un prédateur, soit une proie. Les psychopathes ont une vision binaire de la réalité. Certaines de leurs affirmations sont très révélatrices de leur façon de penser, comme par exemple : « Si vous êtes d'accord avec ce que je dis, c'est parce que vous êtes trop faible pour avoir votre propre opinion ». En d'autres termes, ils ne peuvent pas voir les accords comme deux personnes réfléchissant ensemble pour obtenir le meilleur résultat, mais comme une personne dominant l'autre avec son propre point de vue. C'est pourquoi il est vain d'essayer d'expliquer la logique à un psychopathe. Ils ne se soucient pas de la logique, mais seulement de la domination, et cette domination peut venir par la force s'ils se rendent compte que vous êtes trop faible pour leur faire du mal ou trop poli pour les contredire. C'est pourquoi les personnalités agréables sont plus susceptibles de subir des abus émotionnels. Pour les psychopathes, il n'y a pas de bon sens, de faits ou de logique, seulement des opinions gagnantes et perdantes.

Cette domination est souvent utilisée par les femmes psychopathes en public, car elles savent que beaucoup d'autres personnes sont assez stupides pour intervenir en leur faveur. Elles utilisent également d'autres hommes contre une personne qui est souvent victime d'abus psychologiques. En utilisant la violence d'autres hommes, une femme psychopathe peut alors se retourner contre sa cible. Dans certains cas, les femmes psychopathes vont jusqu'à recourir à la violence physique devant d'autres personnes, sachant que la société interviendra contre un homme qui réagirait pour la défendre.

Bien que ce sujet n'ait pas été suffisamment étudié, il n'est pas rare que de nombreuses guerres n'aient pas été réellement déclenchées par des rois contre des rois, mais plutôt par des reines. Dans de nombreuses cultures, on dit que derrière un homme fort se cache une femme forte, mais c'est une façon de rationaliser un trait psychopathique dans le monde. Il est plus juste de dire que derrière un homme très émotif, puissant et agréable, il y a certainement une femme psychopathe. Ces hommes sont généralement contrôlés par des femmes psychopathes, et les deux sont attirés l'un par l'autre pour les raisons déjà mentionnées, car un homme très réactif est, par essence, un homme très émotif. Dans un monde dominé par les psychopathes, il est normal que la plupart des femmes se sentent en insécurité et recherchent donc des hommes qui les rassurent.

Bien que l'attirance fasse l'objet de nombreux débats et recherches, nous en revenons toujours aux mêmes points : les femmes s'intéressent aux hommes bien habillés et forts parce qu'ils représentent la fiabilité, la validation sociale et la sécurité. Elles engagent également la conversation avec des hommes qu'elles considèrent comme ayant une grande valeur sociale, car ces hommes ont passé le test de validation. On dit que les femmes n'abordent jamais les hommes qui les intéressent, mais cela est dit par des femmes qui mentent et par des hommes qui n'ont jamais expérimenté le pouvoir. Les femmes m'ont toujours abordé et m'ont donné leur numéro de téléphone lorsque j'étais considéré comme quelqu'un de grande valeur sociale, c'est-à-dire lorsque je voyageais, que je parlais en public, que j'étais bien habillé en costume ou que j'étais populaire auprès de nombreuses personnes. En fait, lorsque je vivais aux États-Unis, les femmes américaines m'abordaient souvent à cause de ma façon de m'habiller. J'en ai rencontré des dizaines en quelques semaines seulement, et dans tous les cas, ce sont elles qui ont engagé la conversation.

Chapitre 21 - Intérêts personnels et avenir de la planète

J'ai observé une corrélation entre le comportement de sélection des partenaires et l'intelligence, tant chez les hommes que chez les femmes. Dans le cas des femmes, par exemple, lorsqu'elles sont moins intelligentes, elles perçoivent leur besoin de sécurité non pas par la valeur d'un homme pour la société, mais par sa force physique. Cela reviendrait à un homme qui remonterait le temps et tenterait de flirter avec une femme médiévale travaillant dans les champs, car elle serait clairement plus intéressée par un homme qui sait manier l'épée et monter à cheval que par un homme qui lit des livres. La lecture de livres n'a aucune valeur dans un monde où la domination est déterminée par la force physique et la capacité à tuer. Dans les pays les plus pauvres d'Europe, ces caractéristiques prévalent encore, car les femmes ont tendance à préférer les hommes forts et grands, et non les plus intelligents.

En substance, les femmes recherchent la sécurité, qu'elles trouvent dans les gains financiers, les attributs physiques ou les qualités mentales. Cependant, ces éléments varient selon les régions, ce qui explique pourquoi certains hommes peuvent être invisibles dans certaines cultures et très attirants dans d'autres. Si l'intelligence est une caractéristique sans importance, c'est parce que cette culture est trop primitive pour l'apprécier, et dans les pays primitifs, la force et l'apparence physique priment dans la dynamique sociale. C'est pourquoi les Lituaniens sont extrêmement racistes et xénophobes. Les gens peuvent ne pas aimer ceux qui exposent ou admettent ces vérités, mais c'est parce que leurs émotions l'emportent sur leur capacité d'introspection.

Les masses n'aiment pas s'analyser parce qu'elles en sont incapables. C'est la même raison pour laquelle de nombreux Lituaniens, descendants de Russes, affirment détester les Russes, ou pour laquelle les Espagnols affirment ne pas aimer les Arabes, alors qu'ils sont eux-mêmes descendants d'Arabes, ou pour laquelle les Croates et les Grecs sont racistes envers les Turcs, alors qu'ils ont fait partie de la Turquie pendant l'Empire ottoman pendant près de mille ans. Ce sont les mêmes personnes qui se détestent. Plus une civilisation est primitive, plus elle est susceptible d'éviter l'introspection sur son propre comportement et même sur ses origines. Les interactions sont guidées par l'instinct, basées sur des réactions irrationnelles, et non par le bon sens.

Il n'y a pas de bon sens dans les domaines dominés par des personnes stupides. Cependant, vous pouvez facilement comprendre comment les gens pensent et se comportent en organisant des événements sociaux, ce que j'ai fait à maintes reprises et pendant de nombreuses années dans les plus de trente pays où j'ai vécu. Avec le temps, vous verrez quels types de personnes sont attirées par les interactions sociales et pourquoi, et quels types d'événements les attirent le plus. En continuant à faire ces associations par l'observation, vous découvrirez que la plupart des gens ne ressentent peut-être pas d'empathie à votre égard, mais que ceux qui en ressentent deviendront vos nouveaux amis. Souvent, les raisons pour lesquelles quelqu'un veut ou ne veut pas être votre ami sont complètement absurdes et peuvent changer en quelques minutes.

Par exemple, les Européens, les Nord-Américains et les Britanniques sont généralement égoïstes et motivés par des intérêts personnels. Ils peuvent donc ignorer une personne qu'ils considèrent comme sans valeur, puis commencer à lui sourire et l'inviter à dîner lorsqu'ils veulent quelque chose d'elle. Cela m'est apparu très clairement lorsqu'ils ont découvert que je voyageais beaucoup ou que j'étais écrivain. Ce n'est pas autant le cas chez les Sud-Américains, les Africains et les Asiatiques, car ils sont plus intéressés par les relations amicales basées sur des conversations autour de sujets qui intéressent les deux parties, ce qui, en fait, est beaucoup plus logique d'un point de vue humain. C'est pourquoi je dis souvent que l'avenir de la planète ne se trouve pas en Europe ou en Amérique du Nord, car il n'est pas possible de le développer si les gens ne se soucient que de leurs propres intérêts personnels, sont cruels envers les autres et font preuve de discrimination en fonction des apparences et de leurs propres opinions ou de ce que les autres peuvent leur offrir. C'est une mentalité d'esclave et de maître d'esclaves, entre colonialistes et colonisés, qui n'a plus de sens, mais qui prédomine dans de nombreuses cultures.

Si vous parvenez à voir ces choses, il est évident que les autres vous trouveront déroutant, car ils ne comprendront pas quelqu'un qui perturbe leur vision organisée du monde. Si vous attirez leur attention sur leur comportement, ils penseront que vous êtes fou, car ils ne voient rien de mal dans leur comportement. Si les traits culturels sont trop intrinsèques à la vision qu'une personne a d'elle-même, elle ne les considérera pas comme mauvais, car cela créerait un conflit avec son image de soi. C'est pourquoi les racistes s'offusquent quand on les traite de racistes, même s'ils agissent selon des stéréotypes racistes. C'est pourquoi les gens se battent, se tirent dessus et les pays entrent en guerre.

C'est pourquoi ma perspective sur la guerre est très différente de celle de la plupart des gens. J'ai réalisé que le conflit est inévitable, que le racisme ne peut être vaincu par la raison et que la discrimination fondée sur des aspects primitifs n'a pas de sens si nous voulons évoluer au-delà d'un stade de schizophrénie collective, raison pour laquelle la guerre contre les éléments les plus destructeurs de la société est toujours justifiée. Le problème est d'identifier ces éléments et de savoir comment les trouver, ce qui constitue un autre défi dans ce monde, car souvent, la cible choisie et identifiée comme ennemie est erronée. Mais c'est là le véritable visage de la folie et de l'ignorance : viser les mauvaises cibles par manque de sagesse, de perspicacité et de lucidité. Lorsque les gens sont profondément fous, ils assassinent des innocents.

Chapitre 22 : Se libérer des normes culturelles et faire évoluer la conscience

Vous n'êtes pas suffisamment évolué tant que vous ne parvenez pas à prendre du recul par rapport à votre propre position dans la société et à vous identifier comme l'ennemi des masses, à la lumière de la raison et du progrès. Il faut avoir une âme très évoluée pour pouvoir faire une analyse interne et une séparation entre la biologie et l'esprit dans le processus d'identification des problèmes. C'est pourquoi je critique tant les Européens, même si j'en suis un moi-même et que, bien sûr, je ne compare pas mes lecteurs européens au reste du continent. Cette distinction est inévitable si nous voulons progresser en tant qu'êtres humains. Il est également normal qu'aux niveaux les plus élevés de ce progrès, vous cessiez de voir la séparation comme quelque chose qui vient d'en bas — drapeaux, territoires et couleurs — et que vous commenciez à la voir d'en haut — conscience, évolution des perceptions et de la connaissance. Ce n'est qu'alors que l'on peut espérer un monde meilleur. Tant que ce niveau n'aura pas été atteint, nos musées ne seront qu'une autre perspective de la même chose, liée au passé, mais représentant un présent parallèle.

La dernière chose que la société souhaite, c'est le chaos, car il perturbe le système de croyances auquel tout le monde adhère. Cependant, en tant que maître de votre propre vie, vous deviendrez toujours un élément perturbateur de la société, imprévisible et donc considéré comme dangereux. Les gens m'abordent toujours furtivement lorsque j'écris, car ils me trouvent imprévisible. Ils ne me comprennent pas ou ne comprennent pas ce que je fais. Ils me voient simplement comme une menace et, comme ils sont guidés par leurs émotions et non par la raison, ils essaient de trouver des raisons pour justifier leurs propres émotions. Ils sont fondamentalement fous, mais ils ne s'en rendent pas compte, et c'est un autre problème auquel vous serez confronté en tant qu'élément perturbateur dans la société. Vous verrez que les gens sont complètement fous, justifiant toujours des émotions irrationnelles et incapables de s'en rendre compte. Vous serez donc obligé de vous séparer de nombreuses personnes qui penseront que vous êtes cruel, car elles ne voient pas que vous vous détachez simplement de ceux qui sont déjà mentalement morts.

La grande majorité de la population n'est pas vivante, et votre attachement émotionnel à elle est une illusion. Ainsi, lorsque vous souffrez de déception et de trahison, vous souffrez en réalité de vos propres illusions qui s'effondrent dans votre esprit. Plus vous devenez conscient, plus vous réalisez à quel point les gens sont mauvais, car le mal est lié à l'inconscience. Avec cette prise de conscience, vous voyez que vous n'avez jamais affaire à de vraies personnes, mais à des cadavres guidés par des instincts animaux, motivés par un niveau d'énergie très bas. Cette prise de conscience ne fait pas de vous une personne pire, même si les autres le voient ainsi. Elle vous rend plus empathique et plus réaliste, car vous serez capable de voir quels individus s'éveillent, et grâce à cette capacité, vous pourrez vous connecter plus rapidement avec les bonnes personnes.

Lorsque vous réussissez en dehors du courant dominant, vous devenez une personne indésirable pour ceux qui dépendent du système pour survivre, mais vous êtes également très admiré par ceux qui ont besoin de plus de vérité et d'honnêteté dans leur vie et qui vous voient comme une lumière sur leur chemin. C'est ce que signifie être éclairé. Cela se perçoit pendant de courtes périodes et en fonction du contexte de notre attitude. Ce fut certainement le cas des anciens philosophes grecs, qui réfléchissaient à des questions ignorées, voire rejetées par la plupart des gens de leur époque. Si l'on considère que beaucoup d'entre eux discutaient du bonheur, on se rend compte que c'était un problème majeur pour leur peuple, car celui-ci était malheureux. Beaucoup de ces philosophes ont été chassés de leurs villes.

Actuellement, le sujet le plus discuté est l'argent, car les gens ont découvert que le bonheur ne suffit pas, comme le disaient ces philosophes, mais qu'il faut aussi avoir du bon sens. Les philosophes grecs s'accordaient à dire que si vous aviez suffisamment à manger, un toit et une vie normale, vous deviez être heureux, mais les gens ne voient plus les choses ainsi aujourd'hui. Ils les considèrent désormais comme essentielles. Elles n'étaient pas essentielles auparavant, elles étaient rares, et c'est pourquoi nous avons tendance à ne considérer comme importantes les choses que nous dévalorisons le plus, uniquement lorsque nous ne les avons pas. Nos croyances, nos besoins et nos valeurs, tout comme nos cultures, sont éphémères, imaginaires et ridicules, c'est pourquoi ils ne peuvent être préservés que dans des musées. À mesure que nous évoluons, nous nous retrouvons isolés de la culture dans laquelle nous sommes nés, et c'est une bonne chose, c'est quelque chose que nous devons souhaiter, et non éviter.

Malheureusement, beaucoup de gens ont de fausses croyances sur la vie et les choix qu'ils font. Ils considèrent rarement que leurs croyances sont erronées. Le faire impliquerait que leur personnalité est erronée. C'est une attaque contre leur ego qu'ils ne veulent pas accepter. Ainsi, justifier les résultats devient naturel pour eux, qui voient la faute chez les autres ou un acte criminel en eux. Elles agissent ainsi parce que, pour elles, être différent, c'est avoir tort, et avoir tort, c'est agir contre la loi. On peut observer ce parallèle tout au long de l'histoire. Par exemple, certaines personnes me détestent parce qu'elles en savent moins que moi. Au lieu de supposer qu'elles sont très ignorantes, elles pensent que je reçois mes informations d'une agence secrète et que je ne devrais pas en savoir plus qu'elles. Dans un passé pas si lointain, de nombreuses personnes qui en savaient plus ont été emprisonnées, torturées et assassinées simplement parce qu'elles en savaient plus que la majorité. Aujourd'hui, elles sont victimes de discrimination en raison de la même attitude que par le passé.

Chapitre 23 : Toxicité culturelle et corruption du moi

Les justifications et les explications des gens peuvent varier, mais elles n'évoluent pas, ce qui signifie qu'ils peuvent inventer de nombreuses explications pour des choses qu'ils ne comprennent pas, mais qu'ils ne peuvent accepter rien qui soit au-dessus de leur état mental, et encore moins le considérer comme bien inférieur à ce qui serait souhaitable. Cela est évident dans de nombreux groupes qui se considèrent supérieurs à tous les autres, que ce soit en politique ou en religion. Plus les gens ressentent un conflit d'intérêts avec les faits observables, plus ils rejettent leurs observations et moins ils cherchent des réponses en eux-mêmes, car ces réponses sont généralement désagréables.

Il arrive alors que ceux qui voient le plus la vérité soient écartés par l'incapacité des autres à accepter quoi que ce soit qui entre en conflit avec leurs visions égoïstes. Dans beaucoup de ces groupes, en fait, on me traite d'égoïste, car si les gens n'arrivent pas à vous faire adhérer à leur point de vue, ils pensent que c'est vous qui avez un problème d'ego, et non eux. N'est-ce pas intéressant ? Les gens finissent par vous insulter avec leurs propres problèmes parce qu'ils sont trop stupides pour écouter leurs propres paroles et identifier à qui ils s'adressent.

Une personne qui n'est pas arrogante écoute et débat avec des faits, car elle est prête à changer d'avis lorsqu'elle est confrontée à une vérité supérieure. Mais une personne arrogante en est incapable et tente plutôt de rabaisser cette vérité supérieure par des insultes, des jugements illusoires qui n'ont aucun rapport avec la réalité et des justifications absurdes qui ignorent les faits les plus évidents et le bon sens. Comme l'arrogant est arrogant, il ne peut pas voir qu'il est arrogant. C'est pourquoi de nombreux francs-maçons et rosicruciens, en recherchant l'illumination, trouvent davantage d'obscurité. Plus je voyageais et interagissais avec beaucoup d'entre eux dans différents pays, plus je me rendais compte qu'ils sont parmi les personnes les plus stupides que j'ai jamais rencontrées. Je n'associe pas un groupe à un comportement spécifique, mais j'affirme le fait que beaucoup de personnes qui recherchent l'illumination ont trouvé davantage d'obscurité parce qu'elles n'ont pas la capacité de se changer elles-mêmes, et les rituels ne les aident certainement pas. Beaucoup croient que la valeur est en quelque sorte un secret qui doit être protégé et non partagé. C'est pourquoi ils posent beaucoup de questions, mais ne répondent rien sur eux-mêmes, ne réalisant jamais leurs propres limites.

Lorsque nous parlons avec honnêteté, nous finissons par mieux nous comprendre nous-mêmes. Parler avec honnêteté est un signe d'intelligence. Les personnes stupides ne parviennent pas à être honnêtes car elles considèrent la communication comme un champ de bataille. Ce type de pensée est plus courant dans les pays pauvres. Les habitants de ces pays sont tellement habitués à la pénurie qu'ils pensent que le bonheur est une denrée rare. Par conséquent, si vous souriez davantage ou montrez que vous en savez plus qu'eux, ils le considéreront comme de l'arrogance et un abus de pouvoir, comme si vous n'aviez pas le droit d'être qui vous êtes, d'être fier ou simplement heureux dans la vie. Si vous voulez connaître le niveau d'évolution d'un pays, vous pouvez utiliser ce critère, car il devient rapidement évident que la Pologne et la Lituanie sont parmi les moins évoluées au monde.

Suivant la même croyance, beaucoup de gens cachent leur bonheur, cachent ce qui les rend fiers, comme leurs relations ou leurs connaissances, parce qu'ils ne veulent pas que les autres sachent qu'ils s'améliorent. C'est ridicule, mais très courant chez les personnes souffrant de troubles mentaux qui vivent dans des nations et des cultures malsaines qui favorisent la maladie mentale. Sans vous en rendre compte, votre besoin de vous intégrer et d'avoir une existence agréable vous pousse à vous conformer aux idéaux des personnes qui vous entourent. Ainsi, malgré toutes les connaissances que vous accumulez, vous êtes corrompu par la culture dans laquelle vous vous trouvez, comme une plante qui se nourrit d'eau empoisonnée.

De nombreux aspects attribués à une culture ne sont que des tendances généralisées, comme lorsque les Philippins présument qu'il est normal d'être impoli avec les étrangers, très lent et extrêmement incompétent au travail. Si vous avez mal au ventre parce qu'on vous a vendu de la nourriture avariée, ils ne verront jamais cela comme leur problème, mais comme le vôtre. C'est la culture. On constate que plus la santé mentale des gens se détériore, plus ils deviennent égocentriques.

La tendance à l'égocentrisme est également la cause d'une grande solitude dans le monde. Cependant, cet effet est également présent dans de nombreuses pratiques thérapeutiques qui, au lieu d'aider les gens, les plongent encore plus dans cet état inconscient et égocentrique. En fait, je n'avais jamais pensé qu'un thérapeute pouvait pousser quelqu'un au suicide jusqu'à ce que je découvre que c'était courant chez les psychologues lituaniens. Une enquête appropriée mettrait beaucoup d'entre eux en prison, mais je doute qu'un gouvernement ait le courage d'affronter un tel scandale et d'être connu du reste du monde comme un pays de criminels psychiatriques.

Chapitre 24 - Démasquer les faux paradigmes et saisir l'opportunité

Nous pouvons regarder toute la planète et constater que la peur d'affronter les problèmes est aussi néfaste que de les laisser se développer dans la société, surtout lorsque ceux en qui nous avons confiance sont le problème : le gouvernement, les thérapeutes et le système éducatif. Vous vous rendez un grand service en étant anormal dans un pays où il est normal d'être fou. De plus, les gouvernements n'empêcheront jamais l'émigration des citoyens les plus sains s'ils se concentrent uniquement sur la situation financière du pays, sans tenir compte également de l'état de la culture. Un pays restera toujours pauvre tant qu'il se concentrera sur les besoins fondamentaux, tels que l'argent pour survivre, plutôt que sur ce qui favorise la satisfaction de ces besoins, comme l'honnêteté et la compassion entre ses habitants. Il est généralement plus facile de changer nos vies et de créer un nouveau système que d'attendre des changements dans un autre système.

C'est pourquoi la société a plus de chances d'échouer que de se transformer.

Les nations s'enrichissent en investissant dans les opportunités et la diversité des perspectives individuelles, et s'appauvrissent en essayant d'unir tout le monde sous les mêmes valeurs et croyances, surtout si celles-ci sont de nature religieuse ou politique. L'opportunité signifie avoir la liberté de choisir, et cette liberté ne vient que lorsque l'on se trouve dans un environnement riche, avec des interactions entre différentes personnalités, origines, valeurs, etc. Si vous appliquez ce principe à votre vie personnelle, vous découvrirez que vous grandissez de la même manière : en apprenant auprès de personnes d'origines différentes, de personnes ayant des idées différentes et en remettant en question vos croyances avec de nouvelles croyances. Nous grandissons et changeons plus rapidement lorsque nous interagissons avec des personnes qui nous font remettre en question nos valeurs, et c'est seulement alors que nous trouvons un moyen d'être plus heureux que nous ne l'avions jamais envisagé auparavant. Vous y parvenez plus rapidement grâce à des livres, à des voyageurs ou en devenant vous-même un voyageur.

En revanche, si vous consultez un psychologue déterminé à vous ramener dans le troupeau d'où vous venez, vous aurez moins de chances de réaliser votre plein potentiel. Il ne faut pas faire confiance à quelqu'un simplement parce qu'il possède un bout de papier attestant de ses compétences, qu'elles soient académiques ou non. Les systèmes ne prouvent rien, sauf leur capacité à se reproduire. Vous devez plutôt savoir ce que vous voulez, puis rechercher ceux qui peuvent vous aider à atteindre vos objectifs.

Tout ce qui se passe dans la vie a un double aspect, que nous transcendons en observant les connexions et les leçons que nous devons apprendre. Ce n'est qu'alors que nous pourrons créer de nouveaux scénarios, à partir desquels de nouvelles leçons émergeront et une nouvelle identité se formera sur la base de compréhensions passées, mais alignées sur nos objectifs futurs. En fait, l'une des plus grandes conclusions que j'ai tirées en voyageant dans de nombreux pays est que, souvent, nous ne valorisons pas les choses les plus simples, mais celles-ci peuvent faire une énorme différence dans la façon dont nous nous sentons et même dans la façon dont nous apprécions la vie. Par exemple, un beau paysage n'est qu'un jour comme les autres pour les habitants locaux, mais pour quelqu'un qui le voit pour la première fois, c'est l'occasion de se sentir chanceux d'être en vie. Cela est particulièrement vrai dans les régions du monde où les gens sont insatisfaits de leur existence parce qu'ils sont très pauvres, mais où la terre est toujours magnifique.

Il est également intéressant de noter la facilité avec laquelle les gens ferment leur cœur à cause des perceptions des personnes qui les entourent, de leur propre manque d'argent et même des voyageurs qu'ils voient, car beaucoup de ces voyageurs sont en fait dans ces endroits parce qu'ils les trouvent suffisamment accessibles et agréables pour justifier l'échange d'une année de travail contre une semaine de vacances. De même, il est intéressant de voir comment les personnes qui perçoivent un salaire d'un pays plus riche, mais choisissent de vivre dans des pays pauvres, ont une meilleure qualité de vie. En fait, je ne vois aucune raison de vivre dans un pays cher alors que bon nombre des plus beaux pays du monde sont aussi les plus pauvres. Nous recherchons le confort et une vie agréable en contact avec la nature, en particulier près de la plage ou d'une forêt tropicale. Au fond, nous trouvons un plus grand bonheur dans une relation plus étroite avec la nature. C'est une forme de richesse qui ne peut être obtenue dans un pays riche, mais froid, où nos vies ne sont qu'une routine de 9 h à 17 h.

En gros, nous voulons ne pas avoir à nous soucier de l'argent et pouvoir vivre où nous voulons et manger ce que nous voulons, mais ces caractéristiques varient en fonction de nos priorités et de ce que nous sommes prêts à sacrifier. La plupart des gens se trompent sur ce qu'ils considèrent comme important, car les choses qui comptent vraiment ne se quantifient pas. Elles sont toutes liées aux opportunités que nous pouvons saisir. Lorsque ces opportunités se présentent, il est stupide de ne pas les saisir, mais beaucoup de gens ne le font pas parce qu'ils sont conditionnés par de vieux paradigmes erronés, généralement imposés par leurs parents et la société en général. On entend souvent dire que les riches sont tristes ou que l'argent engendre la solitude, mais ce n'est pas vrai. Il n'est pas vrai non plus qu'ils méprisent l'argent ou qu'ils ne joueraient pas à des jeux qui leur donnent l'impression qu'ils peuvent devenir riches sans effort. Les gens aiment se raconter des histoires qui les aident à faire face aux routines qu'ils ne peuvent pas changer, et c'est de là que viennent les croyances populaires.

Chapitre 25 : Le déclin des valeurs sociales et la montée de la complaisance

La plupart des gens souffrent de frustrations qui ne correspondent pas à leurs efforts et à leurs convictions. Ce qu'ils devraient vraiment mépriser, c'est leur propre ignorance, qui se manifeste dans leurs frustrations, le manque d'argent étant la plus évidente. En réalité, avoir plus d'argent élargit votre champ des possibles, car le temps et la quantité ne sont plus un problème. Il est possible d'acheter plus et plus vite, de voyager plus loin et de gaspiller plus d'argent qu'auparavant, sans trop réfléchir ni analyser. Il n'est pas nécessaire d'avoir plus de connaissances pour gagner plus d'argent, mais il faut avoir plus d'argent pour commettre plus d'erreurs qui élargissent votre connaissance de la vie.

La connaissance avant l'argent n'est qu'un créateur de potentiel, mais sans opportunités, elle est gaspillée. Cependant, ce que l'éducation institutionnalisée offre aux gens est une illusion de potentiel, car elle limite les opportunités de l'individu à une profession particulière et à de nombreuses informations inutiles qu'il n'utilisera jamais dans sa vie. La véritable éducation doit élargir la capacité de l'individu à reconnaître et à s'adapter à de nouvelles opportunités, et cela n'est possible que par l'auto-éducation, c'est-à-dire en lisant des livres dans lesquels d'autres personnes partagent leurs propres expériences de vie, en particulier des autobiographies.

Il convient également de mentionner que si un enseignant tente de promouvoir une véritable éducation dans une école, il est immédiatement ostracisé et critiqué par ses collègues, qui ont été conditionnés par le même système à le répéter et à ne permettre à personne de s'en écarter. C'est pourquoi il est impossible de trouver de bons enseignants dans le système éducatif. Même mes propres élèves me critiquaient souvent parce que je n'utilisais pas de livres en classe et n'écrivais pas au tableau. Ils pensaient que cela faisait de moi un enseignant désorganisé et moins compétent. Mais, comme je leur ai expliqué, les livres ne sont pas adaptés au monde réel, beaucoup sont obsolètes et les méthodes utilisées dans les livres sont également inférieures à ce que je peux offrir en utilisant un ordinateur connecté à Internet en classe. Par conséquent, le seul livre qui me convienne est celui que j'ai moi-même créé à partir des nombreux textes que je leur ai donnés. Ils m'ont alors répondu : « Mais c'est plus facile d'étudier avec un livre ! »

Je leur ai répondu : « Vous pouvez rassembler tous les cours que je vous ai donnés, car chaque cours est comme un chapitre, et vous aurez un livre. » Cependant, ils ne comprenaient pas le lien entre l'enseignement et un livre, car ils pensaient que le livre était supérieur à l'enseignement, comme si le livre était une bible qu'ils devaient suivre religieusement. La raison pour laquelle ils pensaient que le livre était important est qu'ils avaient été conditionnés à voir tous les autres enseignants de leur vie utiliser un livre pour enseigner, sans jamais remettre en question la compétence de ces enseignants. Ils supposaient que la répétition du même modèle de travail les rendait compétents. En revanche, ils me considéraient comme incompétent, et non l'inverse, simplement parce qu'ils pensaient que beaucoup avaient raison et que celui qui travaillait différemment avait tort. C'est une hypothèse courante que les gens font tout au long de leur vie sur tout ce qu'ils observent.

Le fait que j'écrive des livres devrait être suffisamment évident pour me différencier positivement en tant que conférencier, car on ne peut pas écrire sur ce qui a déjà été dit, mais même cela, ils n'ont pas réussi à le voir. Le reste de la société n'établit pas ce lien entre la personne et les livres de la même manière. Beaucoup de gens qui me demandent comment écrire des livres n'ont absolument rien de nouveau à dire. Ils veulent juste se sentir importants en répétant ce que d'autres ont déjà publié. Nous vivons sur une planète d'idiots qui répètent les mêmes idioties. Personne n'analyse et ne réfléchit vraiment à toute cette stupidité, et ceux qui le font sont considérés comme ayant tort par tous les autres. Dans un monde comme celui-ci, la vérité est confondue avec l'opinion. Cependant, la vérité n'est pas liée à l'opinion personnelle. Ce n'est que dans un monde d'idiots que la vérité est relative à la quantité, et non à l'efficacité.

Les gens considèrent comme vrai ce qu'ils voient le plus souvent, et non ce qui fonctionne. En fait, les gens s'arrêtent rarement pour réfléchir à l'efficacité de ce que disent leurs politiciens. Au lieu de cela, ils sont plus enclins à suivre ce qu'ils entendent, puis à blâmer les politiciens d'avoir permis une élection démocratique, car c'est ce qui se passe lorsque les gens blâment les politiciens après avoir voté pour eux, au lieu de se blâmer eux-mêmes ou de blâmer ceux qui sont trop stupides pour voter correctement.

Autrefois, de nombreux rois étaient choisis parmi le peuple en fonction de traits de personnalité considérés comme précieux. Aujourd'hui, les gens votent pour ceux qui leur font croire à des rêves. Ce faisant, la société a perdu son sens du devoir. Les gens ont pris l'habitude de reproduire ce qui existe déjà et d'essayer de le maintenir tel quel, sans aucun changement. Dans une telle société, ceux qui la rejettent sont les plus capables d'évoluer, mais ils sont souvent les plus insultés, rejetés et opprimés.

Chapitre 26 - Transcender les dualités et la stagnation de la religion

L'une des étiquettes les plus couramment attribuées aux enfants qui ne parviennent pas à rester attentifs en classe est le TDAH (trouble déficitaire de l'attention avec hyperactivité), qui n'est rien d'autre qu'un symptôme chez une personne qui s'ennuie à devoir écouter des sottises tous les jours pendant les années les plus importantes de sa vie, alors que son cerveau est encore en développement. Le TDAH n'est pas une maladie, mais une réaction normale à une tentative de violation de l'identité de l'individu par la suppression de son développement naturel. Nous ne sommes pas confrontés à une épidémie de troubles mentaux, mais à un énorme écart entre le développement technologique (et les opportunités qui l'accompagnent) et l'état mental des habitants de ce monde, qui sont délibérément maintenus dans un état de retard perpétuel par ceux qui sont eux-mêmes en retard. C'est là la véritable cause de la dépression et du suicide dans le monde. Car lorsque le cerveau devient incapable d'évoluer au-delà des mensonges assimilés, la personne devient aveugle aux changements qu'elle souhaite voir.

L'une des façons de découvrir ces changements nécessaires est de lire des livres, mais la plupart des gens sont déjà trop engourdis, apathiques et démotivés pour lire quoi que ce soit. Lorsqu'ils lisent, ils commencent généralement par un livre populaire et facile à digérer qui, évidemment, répète davantage de mensonges, car la seule raison pour laquelle un livre devient populaire est de renforcer les croyances communes. La pire critique que je puisse recevoir en tant qu'écrivain est : « J'adore ce livre parce qu'il dit ce que j'ai toujours cru ». Cette critique est terrible parce que, premièrement, elle ne dit rien sur la qualité du livre et, deuxièmement, le but d'un livre n'est pas de dire que vous avez raison.

Vous devez lire un livre non pas pour savoir s'il est vrai ou faux, comme si vous passiez un examen scolaire, mais pour découvrir de nouvelles choses, des informations qui vous aideront à prendre des décisions plus judicieuses. Tout ce qui est en deçà de cela est inutile, et c'est pourquoi je ne lis pas plus de la moitié des livres que j'achète. Quand je me rends compte que l'auteur ne fait que me donner ses justifications personnelles pour ce qu'il croit être vrai et insiste pour le faire avec beaucoup de mots différents, comme si ajouter plus de chapitres à la même absurdité la rendait plus raisonnable, je sais que j'ai affaire à un lunatique et que son livre ne mérite aucune attention, qu'il soit populaire ou non, et que l'auteur soit célèbre ou non.

Une autre chose très stupide que j'ai remarquée chez beaucoup de gens qui disent lire des livres, c'est qu'ils tombent amoureux de la littérature ancienne alors que la nouvelle littérature a surpassé presque tout ce qui a été écrit. Beaucoup de personnes que je côtoie, en particulier dans les groupes religieux, sont tellement stupides qu'elles ne peuvent pas croire que j'écrive des livres meilleurs que tout ce qu'elles ont lu. Elles sont incapables de voir que ce qu'elles ont lu a déjà été surpassé par la grande quantité d'informations disponibles aujourd'hui et que, dans de nombreux cas, les auteurs n'imaginaient même pas que cela était possible. Il n'y a rien de plus stupide que de supposer qu'une personne qui a vécu il y a cent ans a écrit de meilleurs livres que celles qui vivent aujourd'hui, mais c'est ce que croient les imbéciles.

La technologie n'était pas aussi avancée à l'époque, les livres n'étaient pas aussi largement disponibles, il n'y avait pas d'informations numériques, ni la possibilité de télécharger un livre entier en quelques secondes ou de rechercher des mots dans un livre à l'aide de mots-clés. Il n'était pas possible de rechercher des informations dans différents livres mille fois plus rapidement qu'auparavant ; les méthodes de recherche n'étaient pas aussi avancées ou efficaces qu'aujourd'hui ; il n'y avait pas autant d'articles de recherche disponibles qu'aujourd'hui, ni autant de recherches menées par autant d'universités. Pourtant, beaucoup de gens pensent encore que ces auteurs ont écrit de meilleurs livres. Il faut être mentalement retardé pour croire cela, et c'est pourquoi j'ai perdu tout intérêt pour toutes les religions dont les membres pensent ainsi. Il faut être très stupide pour ne pas voir la différence entre l'ancien et le nouveau monde.

La seule raison pour laquelle je lis beaucoup de livres écrits il y a des milliers d'années est pour comparer les deux réalités et découvrir comment les croyances ont changé et comment le monde est devenu ce qu'il est aujourd'hui. La seule raison de s'intéresser aux choses anciennes est d'étudier l'histoire et les modèles. C'est quelque chose que tout le monde sait dans le domaine scientifique, mais les stupides pensent toujours que leur cerveau idiot est meilleur que les preuves. Ensuite, les francs-maçons, les rosicruciens et les membres d'autres groupes hautement secrets me demandent comment il est possible que j'en sache plus qu'eux, comme si les choses qu'ils lisent n'étaient pas accessibles à tout le monde pour les lire et les comprendre.

Le seul secret dans le monde actuel ne réside pas dans la connaissance, mais dans l'incapacité même de comprendre ce que l'on lit, ou de penser que l'on comprend alors que l'on ne comprend pas. La misère auto-infligée est le véritable secret, car elle est évidente, mais invisible. Beaucoup de gens dans ce monde ont des difficultés d'apprentissage. La stupidité est la maladie la plus répandue et aussi celle qui fait le plus de victimes. Dans tous les secteurs, vous verrez que la cause du décès était une décision personnelle ou une décision collective dont les gens ont tiré des rationalisations pour éviter les sanctions. Les avocats sont des experts dans l'art de maintenir les criminels les plus dangereux hors de prison en payant le bon prix à l'heure. Cependant, la véritable tragédie est que les gens résistent violemment à ceux qui tentent de leur enseigner, comme lorsque je leur montre qu'ils interprètent mal leurs propres livres et qu'ils s'énervent et m'insultent en réponse.

La capacité de faire la distinction entre l'ancien monde et le nouveau monde qui change sous nos yeux n'a rien à voir avec le fait d'être traditionaliste ou moderniste, mais plutôt avec la capacité de voir comment notre compréhension de la vie a évolué. Seul un esprit fluide voit un monde en constante évolution. Seul un esprit très ignorant pensera que la vie est statique, qu'elle ne change jamais. C'est la différence fondamentale entre voir le monde comme une dualité du bien et du mal et être capable de voir l'évolution comme un chemin qui transcende les dualités et les choix. À un niveau élémentaire, le refus de percevoir ces différences ou l'incapacité de comparer les deux réalités peut être considéré comme un manque de discernement ou une ignorance absolue, mais au-delà de cela, il s'agit en réalité d'un état profond de retard mental, d'un sommeil profond de l'âme.

Certaines personnes sont littéralement trop lentes pour voir la réalité telle qu'elle est. Elles vivent dans un monde imaginaire dans leur cerveau, et leurs religions semblent être un mélange de toute cette folie afin qu'elles se sentent à l'aise avec ce qu'elles perçoivent comme des menaces extérieures au statu quo. J'étais très ennuyé par les groupes auxquels je participais, car je devais toujours écouter des choses très basiques, qui relevaient du bon sens ou qui étaient tout simplement stupides. C'est pourquoi j'ai perdu tout respect pour toutes les religions, des plus populaires aux plus occultes. Il est facile de se désintéresser de la religion quand on se rend compte que les gens agissent comme des enfants qui essaient de discuter de physique quantique en se basant sur leurs croyances concernant Peter Pan et Cendrillon.

Chapitre 27 : Le cycle pervers de l'esclavage moderne et la sortie

On ne peut pas parler de spiritualité si ce que l'on pratique est un rituel mental dans lequel on essaie d'obtenir du plaisir avec des absurdités, sans changer sa façon de penser. Ce n'est pas très différent de ce qui se passerait si vous mettiez plusieurs personnes mentalement malades dans une pièce et discutiez de la réalité. Ce n'est pas non plus très différent de ce que les gens ont fait il y a des milliers d'années, lorsqu'ils ont expérimenté différents cocktails de drogues pour tenter de communiquer avec Dieu, puis ont écrit des livres sur ces expériences, qui sont devenus le dogme de la religion dominante. Les membres de ces groupes pensent que je les ai insultés en les traitant de fous, mais je décrivais des faits — en énonçant des modèles observables — qu'ils n'étaient pas assez évolués pour accepter, car ils ne pouvaient pas voir la même chose.

Elles ne sont pas différentes de leurs ancêtres qui, il y a des milliers d'années, répétaient des rituels basés sur les idées de quelqu'un qui se droguait avec des champignons hallucinogènes et du venin de serpent pour obtenir une perception plus profonde de la vie. Le mysticisme qui entoure les boissons sacrées qui font partie du folklore de la plupart des religions, du paganisme et de la mythologie grecque au christianisme moderne, n'est rien d'autre qu'un rituel autour d'une drogue spéciale composée d'ingrédients inconnus, tout comme le font les marques de boissons modernes, telles que Coca-Cola, lorsqu'elles proposent leur boisson aux gens sans en révéler les ingrédients. En fait, le Coca-Cola n'est rien d'autre qu'une boisson inspirée d'un rituel qui a commencé avec l'utilisation de véritables feuilles de coca, d'où l'incroyable popularité qu'il a acquise dans le monde entier. Même le pape catholique Léon XIII aimait tellement cette boisson à base de cocaïne qu'il a contribué à la populariser. Aujourd'hui, les chrétiens célèbrent la messe avec du vin, ce qui est tout aussi absurde, mais cela reste un souvenir du passé. Il n'est même pas surprenant que tant d'écrivains pensent qu'ils doivent être ivres pour bien écrire, en se basant sur les mêmes idées. Cependant, les gens pensent toujours que la folie appartient au passé, et non au monde d'aujourd'hui.

Si les gens autour de vous ne parviennent pas à voir à quel point leur esprit et leur vision de la réalité sont déformés, mais que vous le voyez, votre seule option est de les laisser derrière vous. L'alternative est de perdre toutes les discussions avec des imbéciles déterminés à vous faire sentir et croire que vous êtes fou, vous amenant à douter de tout ce que vous dites de toutes les manières possibles. Pendant de nombreuses années de ma vie, j'ai pensé que j'étais fou parce que je ne savais pas que j'étais plus avancé que toutes les autres personnes que je connaissais. Je pensais que j'avais quelque chose à apprendre des autres et, pire encore, je pensais que les personnes de religions très diverses m'aidaient à trouver la vérité. Ce n'est que beaucoup plus tard que j'ai réalisé que les gens mentent et méprisent les autres pour avoir l'air corrects et n'admettent jamais leurs propres insécurités, leurs limites et leur ignorance. Les gens sont très peu sûrs d'eux, égoïstes et égocentriques. Ils n'ont aucune empathie pour les autres parce que tout ce qu'ils veulent, c'est se valoriser eux-mêmes. Ils se concentrent sur une nature inférieure, même s'ils essaient de paraître saints et spirituels.

Cette trahison de ma confiance m'a forcé à me considérer comme mentalement retardé, car pendant de nombreuses années, j'ai été trop naïf pour voir le retard des autres. Je ne pouvais pas croire que tant de personnes, dans tant de religions différentes, puissent être aussi égoïstes, égocentriques et malveillantes au point de manipuler l'information pour faire correspondre ces trois caractéristiques à leur personnalité. Ce n'est que lorsque j'ai enfin compris cela que tout s'est éclairé pour moi et que j'ai vu à quel point tout le monde est laid, me sentant dans un monde horrible peuplé de monstres répugnants obsédés par leur propre saleté. J'ai alors pu me libérer, car j'ai compris que moi seul pouvais m'apporter les réponses dont j'avais besoin. Compte tenu du nombre d'années que nous avons passées à être trompés et perdus, ce voyage occupe presque toute notre existence. Il semble plus facile d'abandonner, mais je n'avais pas d'autre choix que de créer un nouveau monde. En fait, plus j'en apprends, moins je peux supporter la saleté que les autres ont créée pour eux-mêmes.

L'argent, bien sûr, devient très important quand on veut s'éloigner de ce monde de fous, et il est curieux que ce soit le sujet le plus cruellement attaqué parmi eux. Cependant, vous n'aurez pas votre liberté tant que vous n'aurez pas assez d'argent pour l'acheter. Jusque-là, vous resterez esclave du système. Vous aurez besoin d'un emploi et vous aurez un salaire qui couvrira à peine votre loyer et votre nourriture. Vous travaillerez pour obtenir l'approbation des autres afin de conserver votre emploi, de sorte que vous ne pourrez pas économiser suffisamment pour voyager longtemps, même si vous souhaitez essayer un mode de vie différent pendant un certain temps. Vous n'aurez pas non plus le temps de lire des livres ou d'étudier de nouvelles choses, et encore moins d'apprendre de nouvelles langues et de développer de nouvelles compétences, car vous serez trop fatigué pour faire tout cela.

C'est ce qu'est réellement l'esclavage : échanger votre temps et votre cerveau contre de l'argent qui ne vous apporte rien, si ce n'est vous maintenir en vie afin que vous puissiez continuer à reproduire le même système tel qu'il est. Et comme ce cycle est si pervers, beaucoup de ceux qui se réveillent se rendorment lorsqu'ils réalisent qu'ils sont dans une prison dont ils ne peuvent s'échapper. Il existe une issue, mais elle exige des efforts que vous n'avez jamais envisagés et de nombreux sacrifices qui peuvent être extrêmement douloureux sur le plan émotionnel et mental. Au minimum, vous devrez renoncer à votre seul temps libre pour apprendre autant que possible et vous perdrez beaucoup de ce temps à lire les mauvais livres et à écouter les mauvaises personnes. Lorsque vous réaliserez où se trouve la vérité et à quoi elle ressemble, vous aurez peut-être déjà quarante ou cinquante ans et beaucoup moins d'énergie qu'à vingt ans, mais c'est votre seule chance de goûter à la liberté. Vous pouvez y parvenir si vous réalisez que le système a des faiblesses, des lacunes créées par une évolution constante qui nécessite des experts fiables. Si vous vous positionnez à l'avant-garde de cette évolution, vous réussirez.

C'est ainsi que de nombreuses personnes se sont enrichies au cours de l'histoire. Vous pouvez convenir que vendre des pommes de terre, du chocolat, du sucre, du maïs ou du curry ne vous rendra pas riche, mais c'est ainsi que de nombreuses familles se sont enrichies dans le passé. Aujourd'hui, les gens trouvent la richesse grâce à de nouvelles opportunités qui étaient impensables dans le passé, comme la vente de café et d'eau. Je suis sûr que de nouvelles opportunités continueront à se présenter et seront plus accessibles que jamais. Le développement d'Internet en est un exemple, même si la plupart des gens que je connais, en particulier en Europe, sont trop stupides pour comprendre comment quelqu'un peut gagner de l'argent avec une boutique en ligne et, à ma grande surprise, sont assez stupides pour ridiculiser cette personne.

Chapitre 28 : La réalité des nations pauvres et des cultures misérables

Dans le monde d'aujourd'hui, il faut être très ignorant pour ne pas comprendre comment gagner de l'argent avec un simple site web, mais, à ma grande surprise, la grande majorité de la population dans certaines parties du monde ne se rend pas compte de ce qui se passe sous ses yeux, même lorsqu'elle utilise elle-même ces sites. L'une des personnes les plus stupides que j'ai jamais rencontrées a dit quelque chose qui reflète la mentalité des gens en Europe. Elle a dit, en référence à l'une de mes entreprises : « Vous n'avez pas vraiment d'entreprise, vous revendez simplement des vêtements à un prix plus élevé et vous empochez un pourcentage des bénéfices. »

Je l'ai regardée avec incrédulité, car je ne pouvais pas croire que quelqu'un puisse être aussi ignorant. Je lui ai alors demandé : « Comment pensez-vous qu'une personne qui a une entreprise gagne de l'argent ? » Elle n'a pas su répondre. Mais voici le plus incroyable : elle était comptable. Je ne comprends toujours pas comment un comptable peut ne pas savoir comment une entreprise gagne de l'argent. Il y a pire encore : pensez aux scientifiques que j'ai rencontrés qui étudiaient l'ADN des virus et ne savaient pas ce qu'ils faisaient ni quelles en étaient les implications à plus grande échelle, et ce avant la propagation du coronavirus en Europe en 2019. Je suis impressionné que ces experts ne voient pas que leurs recherches peuvent être utilisées pour fabriquer des armes biologiques. Ils m'ont même ridiculisé lorsque je leur ai posé la question. Les gens sont devenus tellement stupides qu'ils ne comprennent plus rien à leur propre monde. Lorsque je voyage, cela devient tellement évident que j'ai renoncé à demander aux gens le nom des rues ou des restaurants, car ils ne sont jamais capables de me parler des bâtiments ou des rues qu'ils côtoient tous les jours.

Par exemple, récemment en Albanie, j'ai montré aux habitants une photo d'un restaurant et leur ai demandé où il se trouvait, mais personne n'a su me répondre, pas même les propriétaires d'un hôtel et d'un salon de coiffure situés dans le même quartier. Ils ont dû utiliser des cartes virtuelles sur leurs téléphones portables pour découvrir que le restaurant se trouvait dans la même rue que celle où ils travaillaient, ce que je savais déjà sans habiter là-bas. En fait, c'est pour cela que j'ai posé la question. Cependant, au final, ces habitants ont été aussi utiles que moi, qui visitais le pays pour la première fois. Cela devrait vous dire tout ce que vous devez savoir sur l'état d'esprit des gens. Je veux dire par là qu'ils sont mentalement retardés et inutiles à quoi que ce soit.

Ce scénario fait que beaucoup de gens ont des sentiments contradictoires lorsque quelqu'un parle d'exterminer la majorité des habitants de la planète, car ils ne voient pas en quoi tant de personnes pourraient être utiles en tant que créatures qui ne pensent pas, n'ont pas d'espoir, ne sont pas empathiques et ne s'éveillent pas. Au moins, lorsqu'elles sont très stupides et très pauvres, elles peuvent avoir un peu de compassion pour les autres. Mais, comme je l'ai vu dans de nombreux pays, c'est le contraire qui se produit. Elles deviennent plus égoïstes, rancunières et violentes envers ceux qui ont ce qu'elles n'ont pas. Les Philippins, en particulier, ne sont pas malheureux parce qu'ils sont pauvres, mais parce qu'ils mentent, manipulent et tentent de tromper les voyageurs qui visitent leur pays. Ils sont extrêmement grossiers et corrompus. Non seulement j'ai dû payer une somme d'argent énorme pour quitter le pays, mais j'ai également dû payer les fonctionnaires corrompus des bureaux gouvernementaux pour qu'ils fassent ce pour quoi ils étaient déjà payés. En effet, l'extorsion et la corruption sont si courantes dans ce pays que tous les étrangers devant moi ont payé dans les bureaux de l'immigration.

La situation n'est pas différente au service d'immigration de l'aéroport international Ninoy Aquino, à Manille, où les voyageurs philippins sont constamment empêchés d'embarquer sur un vol parce qu'ils ne paient pas la personne qui abuse de sa position et leur pose des questions trop personnelles. Ils sont tellement habitués à cela que, lorsque je n'ai pas donné d'argent à l'agent d'immigration pour imprimer un document de sortie d'un pays où je ne suis même pas né, mais où je ne suis passé qu'en tant que visiteur, il m'a demandé : « Où est mon argent ? » Pire que d'être pauvre, c'est d'être menteur et tricheur. Quelle nation misérable est-ce là, alors qu'elle prétend être majoritairement chrétienne ?

Les Lituaniens et les Polonais sont similaires, dont la misère n'est devenue moins évidente que depuis leur entrée dans l'Union européenne. De leur propre chef, ils resteraient aussi misérables qu'ils l'ont toujours été, car une culture terrible et un peuple sans valeurs positives créent une nation misérable. Et rien n'est plus évident que leur manque de gratitude envers ceux qui les ont aidés à sortir de la misère, car c'est ainsi qu'un peuple misérable apprécie l'aide reçue, en prétendant qu'il a tout fait par lui-même et qu'il est supérieur à tous les autres. Cette attitude ne fait que renforcer la nécessité de les exterminer plutôt que de les aider, et rend très difficile d'envisager une évolution ascendante ou d'éprouver de la compassion pour ces personnes lorsque leur nation est détruite par une invasion étrangère.

La race humaine est un problème lorsqu'elle refuse d'évoluer ou lorsque cette évolution lui est refusée, et c'est pourquoi le système est antagoniste à lui-même. Plus les gens sont immergés dans le système et plus ils lui font confiance, plus ils deviennent inutiles en tant qu'êtres humains et plus ils souffrent en tant que victimes du système qu'ils protègent. C'est pourquoi le nationalisme est le moyen par lequel un peuple stupide protège des croyances collectives qui devraient être changées. Le nationalisme est la cristallisation d'un peuple sur un territoire, symbolisé par un drapeau. Cela n'a aucun sens dans un contexte en constante évolution. Mais le pire, c'est le racisme, l'idée que votre nation n'est pas formée d'une multitude de peuples venus de différentes parties du monde, mais d'une seule et même race de personnes cultivées dans les champs de pommes de terre de cette terre par une force mystérieuse appelée Dieu.

En réalité, ceux qui échappent au système sont les éléments dont il a le plus besoin. Cependant, vous n'êtes pas obligé de me croire. Les nombreuses offres d'emploi que j'ai reçues sans les demander prouvent mon point de vue. Les gens veulent quelqu'un comme moi pour gérer leurs entreprises, leur enseigner la pédagogie, à eux et à leurs enseignants, parler en public et les aider à développer une stratégie commerciale. Ils ne veulent pas travailler ou apprendre avec quelqu'un qui n'a rien à dire ou à offrir, si ce n'est la répétition de ce qu'ils savent instinctivement ne pas fonctionner correctement. Et pourtant, l'ironie est que je suis autant nécessaire que détesté. Les gens veulent savoir tout ce que je sais, mais ils rejettent avec autant de vigueur tout ce que je dis. Ils sont fiers de m'admirer pour ce que j'ai accompli et font preuve de créativité pour m'insulter parce qu'ils ne parviennent pas à faire de même.

Chapitre 29 : La dure vérité sur la responsabilité et la réussite des parents

Ce qui est intéressant dans l'évolution en tant qu'être humain, c'est que l'on se rend vite compte qu'il ne s'agit pas seulement d'une décision qui affecte l'intelligence et la vie sociale, mais qu'il s'agit en réalité d'un changement complètement organique. Par exemple, j'ai changé plusieurs fois mon alimentation afin de réduire mon niveau de dépression et de rester concentré et en meilleure santé pendant plus longtemps. J'ai également commencé à faire plus d'exercice, car j'ai compris le lien entre le fonctionnement de mon cerveau et ma capacité à penser efficacement.

L'argent est devenu essentiel dans ma vie pour voyager davantage et sur de plus longues distances, ce qui m'aide à rester concentré tout en observant de nouvelles façons de vivre et de penser. En substance, tout dans ma vie fait désormais partie de qui je suis, et c'est pourquoi je trouve stupides les personnes qui me disent de me détendre et de travailler moins. Si je pensais comme elles, j'aurais leur vie, pas la mienne. Elles ne peuvent pas avoir ma vie parce qu'elles refusent de penser comme moi. Elles veulent ma vie avec leur façon de penser, et c'est stupide : vouloir progresser sans changer soi-même.

La moralité va de pair avec ce progrès, car vous êtes plus susceptible de fabriquer de meilleurs produits et de les vendre plus facilement si vous êtes fiable et comprenez les besoins de vos clients. C'est pourquoi je maintiens une relation directe avec mes lecteurs, en toute authenticité, en respectant leurs intérêts et leurs questions.

En cours de route, j'ai également dû apprendre à accepter que certaines choses ne sont pas compatibles avec ce nouveau mode de vie, notamment une vie sociale stable. À l'heure actuelle, je suis plus susceptible de rencontrer des personnes que je ne reverrai jamais que d'avoir des amis de longue date, et j'ai appris à accepter cela comme quelque chose de positif. De toute façon, la plupart des gens ne sont pas très singuliers, donc plus vous rencontrez de personnes, plus vous vous rendez compte qu'elles sont incapables de changer, répétant la même mentalité, les mêmes croyances et les mêmes conversations pendant des décennies. Les personnes intelligentes, uniques et gentilles sont rares. En gardant cela à l'esprit, l'abondance que vous reflétez chez les autres, et qui est anormale pour eux, devient normale pour vous.

Par exemple, les gens me demandent toujours comment je me fais des amis aussi rapidement, mais étant donné qu'ils disparaissent tous, surtout après un voyage, et ne répondent plus jamais à mes messages, je ne considère pas cela comme me faire beaucoup d'amis, mais plutôt comme rencontrer beaucoup de gens en chemin. Les gens me demandent aussi pourquoi je me soucie autant de l'argent, car ils ne voient clairement pas le lien entre la productivité, l'argent et les dépenses. En réalité, vous devriez vouloir maximiser vos profits afin de travailler moins et obtenir les mêmes résultats, voire plus, tout en réduisant vos dépenses pour ne pas avoir à travailler davantage. Ils ne comprennent pas cela parce qu'ils échangent leur vie contre du temps. Ils n'accordent pas suffisamment de valeur au temps ou à la liberté pour respecter ceux qui les apprécient. C'est pourquoi elles n'accordent pas de valeur à l'argent, même si elles disent en vouloir davantage. On ne peut pas obtenir ce que l'on ne respecte pas. Cela est aussi vrai pour les personnes que pour l'argent, car les gens ont inventé l'argent pour faciliter les transactions dans un monde hautement dysfonctionnel, immoral et égoïste, où les échanges étaient très difficiles et longs, et où le vol et la corruption étaient omniprésents, comme c'est le cas aujourd'hui. C'est précisément parce que les gens ne possèdent pas de qualités morales que l'argent est si important. Cependant, la plupart des gens semblent ne pas comprendre ces choses, ne comprennent pas comment leur propre vie fonctionne.

En gros, si l'argent était mauvais, les sans-abri seraient les personnes les plus heureuses du monde. De plus, n'est-il pas incroyable de voir que nous avons évolué pendant des milliers d'années pour arriver à un monde où la plupart des gens n'ont aucune idée de la façon dont l'argent est fabriqué, comment les pommes de terre sont plantées et cultivées, rien, aucune connaissance utile, pas même de leur propre histoire en tant que peuple ? Cependant, les observations que nous faisons sur la réalité que nous avons définissent également nos choix. Par conséquent, lorsque les gens voient moins, ils ne comprennent pas non plus ces choses, même si vous essayez de leur expliquer.

L'une des conséquences les plus stupides et courantes de cette ignorance généralisée est l'obsession pour les associations génétiques. Les gens pensent vraiment que l'homme qui a fourni le sperme et la femme qui a fourni l'ovule lors d'un rapport sexuel sont des individus qu'il faut adorer et auxquels il faut rester émotionnellement lié pour le reste de sa vie. Ils ne se rendent pas compte que cette corrélation est relative à ce que ces deux individus ont fait pour favoriser la survie et la réussite de leurs fils et filles dans la vie, et que, dans de nombreux cas, ils ont fait exactement le contraire. Cela peut sembler offensant pour beaucoup de gens, mais la vérité est que la plupart des parents ne sont que des perdants qui transmettent la même mentalité ignorante aux générations suivantes. Ils ne méritent rien en retour. Les seuls parents qui méritent quelque chose de leurs fils et filles sont ceux qui sacrifient leur existence pour offrir une meilleure éducation à la génération suivante et encouragent leurs fils et filles à travailler plus dur et à persévérer, quels que soient les résultats. J'ai observé cela dans des familles chinoises et indiennes, mais pas dans d'autres parties du monde.

Souvent, l'excuse est le manque d'argent pour donner une éducation adéquate à leurs enfants, et dans ce cas, je pense qu'ils ne devraient pas en avoir. Ce n'est pas une vision négative de la vie, mais une approche pratique et positive. En fait, si nous devons expliquer le concept d'être positif, je dirais qu'il ne repose pas sur l'aspect positif, mais sur la capacité à différencier les états d'esprit et la manière dont ils conduisent à des résultats et des comportements très différents, car il n'est pas possible de justifier des faits négatifs lorsqu'ils sont manifestement mauvais. En fait, il est intéressant de noter que, dans la culture philippine, les enfants sont qualifiés d'égoïstes et d'immoraux s'ils ne veulent pas aider leur famille en lui donnant une partie de leur salaire, alors qu'en réalité, c'est le contraire qui est vrai : si vous êtes né dans la pauvreté, vous ne devez rien à des personnes qui n'ont pas su se contrôler et qui ont été suffisamment égoïstes et immorales pour vous mettre au monde lors d'un acte de plaisir pour leur corps. Comment un enfant peut-il devoir sa vie à deux personnes pour la seule raison qu'elles ont eu des relations sexuelles ? Cela n'a aucun sens, sauf sur une planète peuplée de personnes mentalement malades.

Chapitre 30 - Prendre des décisions éclairées dans un monde de psychopathes

Parfois, un comportement qui peut être perçu comme négatif peut mener à un résultat positif, tandis qu'un comportement qui peut être perçu comme positif peut mener à un comportement négatif. Par exemple, si une femme britannique assise devant moi dans le bus tient frénétiquement son sac à main comme si j'allais le lui voler, elle considère ce comportement comme positif, mais je le trouve offensant et extrêmement stupide. Elle ne sait pas qu'elle agit comme une attardée mentale, car pour une personne souffrant d'un handicap intellectuel, la couleur de la peau d'une personne détermine ce qu'on peut attendre d'elle. Un comportement négatif avec des influences positives consisterait à insulter cette femme et à lui donner une leçon sur la discrimination, en la discriminant en raison de son manque d'intelligence. Cependant, beaucoup de gens ne voient pas la différence entre les deux situations, et c'est pourquoi de nombreuses injustices sont commises au nom de la loi et de la religion. Nous le voyons lorsque les États-Unis et l'OTAN envahissent des pays en utilisant des mensonges comme excuses, et personne ne s'en plaint. Cependant, les gens réagissent lorsque la Russie fait de même avec d'autres nations, même lorsqu'elle a une excuse valable pour le faire.

Cette hypocrisie, accompagnée d'un manque de discernement de la réalité, se manifeste également dans la façon dont les gens se perçoivent les uns les autres, car ils pensent souvent que c'est parce que les riches ont beaucoup qu'ils ont peu. Mais nous pouvons analyser cela à une échelle plus petite, comme lorsque quelqu'un me demande un emploi et exige ensuite un salaire très élevé. Pourquoi devrais-je payer plus pour des choses qui n'ont même pas été faites ? Ce que j'ai remarqué chez beaucoup de gens, c'est qu'ils n'aiment pas travailler, mais croient simplement que ceux qui ont plus doivent partager davantage. Mais d'où vient mon argent ? N'est-il pas le fruit de mon propre travail ? Vous voyez, il y a un élément d'égoïsme derrière ce qui semble être une vision socialiste de la vie. Les gens croient qu'ils ont droit à des choses sans rien faire pour les obtenir.

Alors que de plus en plus de personnes sont confrontées au chômage et tentent de gagner leur vie grâce au tourisme, j'ai commencé à remarquer à nouveau le même schéma. En d'autres termes, on me trompe pour que je réserve un appartement qui semble avoir tout ce pour quoi j'ai payé, mais quand j'arrive, je découvre autre chose : des meubles rouillés, une maison pas très propre, rien que je puisse utiliser pour cuisiner ou qui soit trop vieux pour être utilisé, etc. Ensuite, ces personnes sont très irritées lorsque je décide de partir le lendemain et d'exiger un remboursement. Dans tous les cas que j'ai rencontrés, elles ne veulent jamais rendre l'argent. Elles croient vraiment que cet argent leur appartient et qu'il ne résulte pas d'une transaction qui n'a jamais eu lieu, parce qu'elles étaient trop paresseuses pour nettoyer la maison et ont fait le minimum pour garder un client. Souvent, elles trouvent injuste que j'aie décidé de partir. Quel espoir ces personnes ont-elles ?

Leur objectif dans la vie est de tromper le plus grand nombre de personnes possible, car c'est ainsi qu'elles conçoivent le fait de gagner leur vie. C'est encore pire lorsque les sites de location populaires encouragent ce comportement, car ils partagent la même mentalité et excluent toutes les évaluations négatives qui alertent les clients sur ces situations. De cette façon, ces entreprises parviennent à tromper le plus grand nombre de personnes possible, même si les clients se font voler et violer dans les appartements qu'ils louent, ce qui arrive fréquemment.

Les gens disent alors que le problème du monde est le manque d'emplois, car ils ne voient que la surface. Ils ne voient pas que la plupart des gens ne sont pas aptes à faire partie de la société et que leur existence est une source de problèmes. J'ai été pauvre à de nombreux moments de ma vie et je n'ai jamais utilisé cette condition pour justifier des mensonges et des tromperies, donc je ne pense pas que cela puisse être utilisé comme excuse. En fait, ce sont ces personnes qui justifient des lois plus strictes. Dans un monde de personnes saines d'esprit, il n'y aurait pas besoin de lois, car le bon sens et l'honnêteté seraient les lois les plus importantes et les plus largement connues. C'est une société mentalement malade qui considère l'immoralité comme un raccourci pour obtenir plus de profits. Les nombreux psychopathes que j'ai rencontrés dans différentes parties du monde et dans différentes professions me le montrent lorsqu'ils disent : « Pourquoi vous souciez-vous des autres ? Ce qu'ils font de ce que vous leur dites, c'est leur problème ! »

Nous pouvons donc en conclure que ce n'est pas ce que nous avons qui fait la différence, mais la façon dont nous vivons notre vie. Je fais bien sûr référence aux choix que nous faisons tout au long de notre parcours et à la direction qu'ils nous font prendre. Et, bien sûr, connaître les faits sur l'environnement dans lequel nos choix sont faits peut nous conduire à un meilleur résultat. Par exemple, il serait stupide d'essayer d'avoir une carrière honnête dans des pays où la plupart des gens sont des psychopathes. Dans ces pays, vous avez plus de chances de devenir riche et célèbre par la violence ou des activités connexes, comme travailler pour l'armée ou des sociétés de sécurité privées.

Il peut sembler ridicule de dire que faire partie des forces armées peut vous rendre riche, jusqu'à ce que l'on regarde des pays comme le Portugal et que l'on se rende compte que leurs forces armées sont tellement corrompues qu'elles peuvent transformer n'importe quel processus illégal en légal et maintenir hors de prison des personnes importantes impliquées dans le trafic d'armes. Je n'ai jamais entendu parler d'un seul cas dans ce pays où l'armée aurait arrêté quelqu'un pour une activité criminelle en son sein. Au contraire, au Portugal, si vous dites aux autres que vous travaillez pour l'armée, les gens vous respecteront, car dans un pays où la majorité est psychopathe, ceux qui abusent de leur pouvoir ont tendance à être les plus respectés.

Pour la même raison, ses politiciens sont souvent impliqués dans des affaires de corruption et de blanchiment d'argent, mais ils vont rarement en prison. Pire encore, la population est suffisamment stupide pour réélire ceux qui ont déjà purgé leur peine au même poste politique qu'ils occupaient auparavant. Beaucoup continuent d'avoir une influence politique malgré leurs problèmes judiciaires et leur peine de prison. Un peuple sans instruction se manifeste vraiment par des décisions stupides. Mais si vous voulez vous occuper de questions bureaucratiques dans ce pays, ils vous traitent comme si vous essayiez de gagner la confiance de personnes honnêtes. C'est aussi ainsi que les psychopathes cachent leur imbécillité, car beaucoup d'employés des organismes publics n'ont aucune idée de ce qu'ils font ou de ce que dit la loi. Si vous engagez un avocat dans ce pays, il vous mentira sur vos droits afin de vous extorquer le plus d'argent possible, car il a encore moins de considération pour la loi que n'importe qui d'autre. Il n'est pas rare non plus qu'un avocat portugais tente de tirer davantage de profit des personnes contre lesquelles vous vous battez afin que vous perdiez votre procès. Vous pouvez économiser plus d'argent en engageant un détective pour suivre votre avocat, trouver des preuves contre lui et vous assurer qu'il fait son travail correctement.

Chapitre 31 : La valeur de la discrétion et de l'investissement stratégique

La façon dont vous interprétez et observez le monde détermine la direction que prendra votre vie. Vous ne pouvez donc pas vous attendre à ce que les autres soient d'accord avec vous à mesure que vous évoluez. Par exemple, la plupart des gens interprètent mon existence d'une manière très différente de la réalité. Beaucoup de gens supposent que j'écris des livres pour voyager, alors qu'en réalité, j'ai choisi d'écrire des livres pour ne plus avoir à travailler comme enseignant, directeur commercial ou dans tout autre emploi qui m'obligerait à rester au même endroit avec les mêmes personnes tous les jours. C'est une maladie pour moi et c'est insupportable, surtout quand je n'ai pas choisi ces personnes et que je dois faire semblant de les tolérer tous les jours.

Les gens pensent également que mon objectif est d'aller partout sur la planète, alors qu'en réalité, mon objectif est simplement de changer d'endroit lorsque je suis malheureux et que je n'arrive pas à résoudre des problèmes de visa. En fait, il est très difficile d'obtenir un visa pour rester dans presque tous les pays de la planète, surtout si vous êtes financièrement indépendant, car les pays veulent votre argent, pas vous. À moins que cet argent ne soit investi dans de grandes quantités de choses complètement inutiles et sans intérêt, ils ne vous donneront pas l'autorisation de rester. En fin de compte, il sera beaucoup moins cher de voyager que de vivre quelque part en tant que résident. Avec le coût du visa doré en Grèce, par exemple, vous pourriez louer un jet privé et faire le tour du monde, et vous n'auriez toujours pas dépensé la moitié de cet argent.

Une autre chose que la plupart des gens ne semblent pas comprendre, parce qu'ils continuent à penser comme leurs grands-parents, c'est que dans le monde d'aujourd'hui, ce n'est pas un bon investissement d'acheter une maison, à moins que vous n'y viviez pas, mais que vous la louiez à quelqu'un d'autre. Vous ne pourrez probablement pas la rembourser pendant toute votre vie, et les frais d'entretien ne valent pas la peine. Il vaut mieux investir cet argent dans plusieurs biens immobiliers à louer tout au long de votre vie. Ce qui vaut la peine de faire dans le monde d'aujourd'hui, c'est d'investir dans la connaissance, car elle est beaucoup plus accessible et moins chère. De plus, il faut investir dans une entreprise qui peut être automatisée, afin de pouvoir se libérer de ses responsabilités en quelques années et obtenir un revenu passif. Si vous pouvez le faire plusieurs fois, vous pouvez avoir une très bonne vie.

Cependant, comme je le constate, la grande majorité de la population ignore complètement ces choses. L'une des choses que les gens ne parviennent pas à voir chez moi, par exemple, c'est qu'écrire des livres n'est pas seulement un mode de vie ou une activité commerciale, mais une formule, car ces livres se vendront toujours, même s'ils ne sont écrits qu'une seule fois. C'est le revenu éternel d'un travail accompli en quelques jours. Dans le domaine de l'art numérique, de la vidéo, de la photographie et de la musique, par exemple, il existe d'autres exemples comparables. Beaucoup de gens voient réellement ces opportunités, tandis que les autres semblent être aveugles à tout ce qui se passe, c'est-à-dire aux nombreux développements en matière d'intelligence artificielle qui peuvent reproduire l'art au plus haut niveau.

Lorsque nous constatons que les gens sont lents à changer et, dans de nombreux cas, ne changent pas du tout, nous ne parvenons souvent pas à saisir toute l'étendue de cette réalité, car cela signifie que les masses suivent toujours les mêmes schémas de pensée que leurs ancêtres, qui ont vécu sans Internet, sans électricité et sans bon nombre des opportunités dont nous disposons aujourd'hui. Je vois encore des gens dans les cafés lire des livres papier à la vitesse d'un escargot, ce que je considère comme la chose la plus idiote que l'on puisse faire aujourd'hui. Peut-être pensent-ils qu'ils sont très intelligents parce qu'ils lisent un livre en public, mais le plus intelligent est de mettre des écouteurs et d'écouter des livres tout en relaxant ses yeux, en regardant l'océan ou un lac, par exemple. C'est ainsi que je parviens à lire des dizaines de livres par jour sans que personne ne s'en aperçoive. Vous irez beaucoup plus loin dans la vie si vous cessez de vous soucier de ce que les autres pensent et rejetez l'idée que vous devez leur prouver quelque chose.

Par exemple, publier une photo de vous avec une Lamborghini ou un bateau sur les réseaux sociaux peut vous valoir les compliments de vos amis et le genre de reconnaissance que vous recherchez, mais il est beaucoup plus précieux pour votre avenir de garder le silence, de ne rien montrer de ce que vous faites, de laisser les gens penser que vous êtes pauvre et stupide, et peut-être même que vous vendez de la drogue, comme beaucoup le supposent à mon sujet, puis de les juger en fonction des jugements qu'ils portent sur vous pendant que vous prenez des décisions importantes qu'ils ne peuvent même pas voir ou comprendre, ce que je fais tout le temps. Ensuite, utilisez l'argent qui aurait été dépensé pour cette Lamborghini pour investir dans la création d'entreprises, dans un projet immobilier et dans l'embauche de personnes pour travailler pour vous. Avec un coût moyen de 1 000 à 2 000 dollars par mois, vous pouvez employer presque n'importe qui dans le monde entier pendant de nombreuses années, si vous avez les moyens d'acheter une Lamborghini. Si vous choisissez vos employés avec sagesse et que vous leur confiez un projet fonctionnel, ils vous rendront plus riche, ce qui justifiera leur salaire et vous permettra d'embaucher encore plus de personnes. Si vous vivez dans un pays pauvre, la pauvreté est votre avantage, car vous pouvez embaucher plus de personnes pour moins d'argent et obtenir des résultats plus rapidement que n'importe qui d'autre dans le monde.

Chapitre 32 - Concentrez-vous sur la qualité et sur les personnes qui l'apprécient

Pour quelqu'un qui a atteint la richesse dans sa vie, la chose la plus stupide à faire est de publier des photos de ses voitures sur les réseaux sociaux et de rechercher la validation des autres, car à ce stade, tout le monde viendra vous demander de l'argent ou se plaindra si vous ne leur en donnez pas. En cours de route, vous pouvez penser que vous avez besoin de l'approbation des autres, mais cela n'a aucune valeur, c'est un objectif erroné. Si vous ne pouvez pas garder le silence sur vos objectifs ou votre richesse, vous n'êtes probablement pas qualifié pour être riche. Vous savez que vous êtes qualifié pour être très riche lorsque vous ne recherchez pas la compagnie, le respect ou l'approbation des autres, et que vous n'avez même pas besoin de savoir ce qu'ils pensent. Lorsque vous ne vous souciez pas de l'opinion des autres, vous gagnez plus d'espace dans votre esprit pour formuler vos propres pensées, dont beaucoup seront complètement nouvelles et plus axées sur l'avenir que sur le présent.

Dans mon cas, par exemple, je n'avais jamais pensé à acheter un bateau jusqu'à ce que je commence à voyager beaucoup plus et que je réalise qu'un yacht me permettrait d'économiser de l'argent et de m'épargner des maux de tête liés aux escrocs qui louent des appartements de mauvaise qualité. Les plateformes d'hébergement les plus populaires auprès des voyageurs offrent un service de très mauvaise qualité dans un secteur utilisé par des millions de personnes. Cependant, le vrai problème est que peu de gens voyagent toute l'année, et pas seulement quelques semaines. Par conséquent, les personnes comme moi sont mieux loties en utilisant des bateaux plutôt que des appartements de seconde zone présentés comme des maisons de luxe. Dans ce cas, je parle d'un yacht comme moyen d'économiser de l'argent et d'être plus pratique dans la vie, avec plus de confort, et non comme moyen d'obtenir une validation sociale, et c'est la partie que beaucoup, en particulier les pauvres, ne comprennent pas. Les pauvres se concentrent toujours sur les aspects extérieurs, car ils n'ont aucune notion d'essence, de planification ou de vision.

Je pourrais dire la même chose à ceux qui me demandent comment gagner de l'argent avec des livres et de la musique, comme si leur intelligence et leur talent n'avaient aucune importance, car ils n'atteindront jamais mon niveau de réussite. Et ils ne l'atteindront jamais pour une raison très simple qu'ils ne parviennent pas à comprendre : ils essaient d'atteindre le succès avec un état d'esprit égoïste et médiocre. Ils considèrent l'argent comme un objectif, et non la qualité de leur travail et des personnes qui vont payer pour celui-ci. C'est pourquoi ils échouent et échoueront toujours, et c'est pourquoi ils méritent d'échouer. Chaque fois que je veux gagner plus d'argent, je ne me concentre pas sur celui-ci, mais sur mon travail. J'essaie de trouver des moyens d'améliorer la qualité de ce que je fais et j'ai réédité certains de mes livres les plus vendus après les avoir améliorés. J'ai également travaillé à l'égalisation du son de chacune de mes chansons.

Malgré tout cela, une grande partie de mon travail ne produit pas les résultats que j'espère, mais je reste fidèle à ce principe, et c'est pourquoi je suis un artiste et un auteur à succès depuis plus de dix ans et que j'ai voyagé dans des dizaines de pays grâce à cet état d'esprit et à cette cohérence. La grande majorité des gens ne voient pas les choses de cette façon. Ils sont trop obsédés par l'argent, et c'est pourquoi je ne peux même pas discuter avec eux. Plus j'en apprends sur le fonctionnement de la vie, moins j'ai d'amis, car la plupart des gens sont trop stupides, insultants, arrogants et envieux pour que des personnes comme moi puissent s'entendre avec eux ou leur enseigner ce qu'ils ont besoin d'apprendre. La plupart ne peuvent s'entendre qu'avec des personnes qui leur ressemblent, car ils ne peuvent accepter personne de mieux. Ils sont trop égocentriques pour tolérer quelqu'un comme ça.

C'est pourquoi beaucoup de mes relations précédentes ont échoué et que beaucoup de gens ne parviennent pas à trouver une véritable relation. Si la plupart des gens ne peuvent pas vivre sans aller à la plage le week-end, ne peuvent pas s'empêcher de se saouler tout le temps, ne peuvent pas dire « non » quand ils sont invités à une fête, alors ils ne peuvent pas faire partie de ma vie. De même, quand viendra le moment de passer une année entière sur une île à profiter du soleil, je devrai le faire seul.

C'est triste à dire, et souvent insupportable à lire pour beaucoup, mais la plupart des gens sont incapables d'évoluer, même si leur misère est la conséquence de leur stupidité et de leurs mauvais choix. Ils ont tendance à être très stupides parce qu'ils sont cupides et paresseux. Dois-je donc avoir pitié d'eux ? J'ai pitié de ceux qui lisent beaucoup, travaillent dur et n'obtiennent pas ce qu'ils veulent, mais je n'ai jamais rencontré une seule personne comme ça. En fait, je n'ai jamais rencontré une personne qui travaillait dur, lisait beaucoup de livres sur la santé mentale et souffrait de troubles mentaux. Cela n'arrive pas ! Lorsque vous êtes déterminé à résoudre vos problèmes, vous trouvez les réponses et les bonnes personnes pour vous aider, puis vous résolvez tout. La loi de la manifestation ou de l'attraction est réelle : vous attirez ce sur quoi vous vous concentrez, mais seulement si vous êtes prêt à travailler pour cela et si vous êtes ouvert à recevoir.

Nous avons tendance à penser que nous contrôlons notre destin et que nous pouvons faire nos propres choix, mais ce que nous contrôlons, ce sont nos pensées, nos décisions et nos actions, qui sont constamment alignées sur la réalité perçue, créée par nos propres pensées. Par conséquent, nous ne pourrons jamais changer notre réalité tant que nous n'aurons pas changé nos pensées. Ces pensées ne sont pas modifiées par des décisions, mais par des perceptions, qui sont les graines que nous semons dans notre esprit à mesure que nous accumulons une grande quantité de perspectives et d'informations.

Chapitre 33 - Trouver la vraie foi au-delà de la croyance organisée

Le potentiel de changer notre destin en changeant nos pensées s'applique autant à la richesse qu'au bonheur et à la santé mentale. C'est dans le processus de changement intérieur que toute manifestation ou miracle se produit réellement. Je le sais parce que j'en ai été témoin dans ma propre vie. J'ai été sans abri, j'ai perdu toutes mes économies à plusieurs reprises, et Dieu a fait entrer l'argent dans ma vie, a fait entrer des opportunités et des idées dans ma vie et a fait en sorte que beaucoup d'autres choses incroyables et complètement inattendues se produisent pour m'aider à changer mon destin. Les personnes de mon entourage n'ont rien fait pour m'aider, même lorsqu'elles en avaient l'occasion, c'est pourquoi je ne peux que me sentir mal à leur égard. J'ai éloigné de ma vie tous ceux que j'ai connus parce que je méprise les gens qui ne peuvent pas aider et refusent de le faire pour aucune autre raison que l'égoïsme, ce qui inclut le fait de ne pas offrir son salon ou son canapé à un ami qui n'a nulle part où aller. Je méprise vraiment cela !

Je vis maintenant dans de grands appartements, souvent avec plusieurs chambres disponibles, et je ne dors que dans l'une d'entre elles, sans inviter personne à la partager avec moi. C'est ma propre vengeance ! En fait, il serait plus juste de dire que c'est la vengeance de Dieu à travers moi, car sans la foi, rien ne serait possible. Et contrairement à ce que pensent beaucoup d'imbéciles du christianisme, cette foi n'a rien à voir avec la religion, mais avec une relation directe entre moi et Dieu. Dans mon cas particulier, si je dépendais de la religion pour obtenir de l'aide, je serais très malheureux, car aucune des nombreuses religions que j'ai fréquentées ne m'a jamais aidé en quoi que ce soit.

Si vous voulez construire une foi autour d'une religion, alors basez-la sur la foi révélée dans mes livres qui, comme vous pouvez le constater, n'a rien à voir avec aucune religion organisée dans le monde. Il n'y a pas d'autre moyen, religion ou profession, qui vous aidera à obtenir les meilleurs résultats, car ce que je révèle contient déjà l'approche la plus réaliste des miracles. La foi est la seule chose dont vous avez besoin dans la vie, même si beaucoup de gens affirment qu'ils ne peuvent pas profiter de la vie sans un écran plasma ou une grosse voiture et, une fois qu'ils ont ces choses, ils en veulent toujours plus ou des modèles plus grands. Ce besoin constant, tel un parasite qui se nourrit de l'anxiété et de la dépression, les rend malheureux. Pourtant, d'une certaine manière, ils se sentent à l'aise dans leur cycle de vie, car ils ne connaissent pas d'autre façon de vivre.

Par exemple, de nombreux Européens économisent pendant une année entière pour passer quinze jours en Asie, tandis que les Asiatiques économisent pendant une année entière pour passer quinze jours en Europe. Pendant ce temps, la plupart des gens qui vivent à la campagne s'ennuient et veulent se rendre dans les grandes villes pour profiter du temps qu'ils y passent, tandis que les habitants de ces villes sont tellement anxieux et stressés par le mouvement constant qu'ils veulent se détendre à la campagne. Il doit y avoir quelque chose qui ne va vraiment pas dans notre façon d'interpréter la vie, car tout le monde semble confus quant à ce qu'il veut et ce dont il a besoin, et quant à la manière de satisfaire ces besoins et ces désirs. La réponse ne viendra pas sans une introspection adéquate sur qui nous sommes, ce qui nous amène à une autre idée fausse courante : celle selon laquelle nous devons apprécier et aimer la vie avant de pouvoir nous apprécier et nous aimer nous-mêmes, et non l'inverse.

Les comportements contradictoires enferment beaucoup de gens dans un paradoxe absurde, et leurs émotions leur disent cela. Mais s'aimer soi-même signifie faire et être ce qui vous permet de vous respecter, et c'est là que beaucoup de gens échouent, précisément parce qu'ils attendent des autres qu'ils leur accordent ce respect. Par exemple, si une personne dit : « Je ne suis pas assez belle », la réponse est : « Sois belle ! » ; si elle dit : « Je n'ai pas assez d'argent », la réponse est : « Trouve des vêtements moins chers et de bonne qualité qui te mettent en valeur ! » ; si quelqu'un dit : « Je ne suis pas assez confiant », la réponse est : « Écoutez de la musique qui vous fait vous sentir bien, détendez-vous dans un parc, écoutez le chant des oiseaux et essayez de rencontrer de nouvelles personnes !

» Enfin, si quelqu'un dit : « Je n'ai pas assez d'amis pour sortir », la réponse est : « Rejoignez des clubs, des associations, des activités sportives ou créez votre propre groupe jusqu'à ce que vous ayez suffisamment d'amis ! »

La plupart des gens sont tellement pris dans leurs schémas de pensée et dans ce que les autres voient en eux qu'ils ne parviennent pas à voir ces opportunités et finissent par se créer davantage d'obstacles. Cependant, la capacité à développer davantage d'estime de soi est la première et la plus importante étape pour guérir l'esprit. C'est pourquoi une promenade dans le parc peut faire des merveilles pour la personne la plus déprimée et l'aider à ouvrir son esprit à de nouvelles possibilités. Beaucoup des meilleures idées que j'ai eues m'ont été inspirées dans des moments de désespoir, lorsque je me suis simplement arrêté et que j'ai laissé mon esprit se détendre. À mesure que l'on se sent plus confiant et sûr de soi grâce à ces activités, il est possible de développer une meilleure compréhension de soi, et c'est à partir de ce centre que l'on trouve le sens de sa vie.

Chapitre 34 : Comprendre les niveaux d'intégration sociale

Si nous dessinions une échelle de ce qui devrait être normal, nous obtiendrions le résultat suivant :

Niveau 0 : ne rien être.

Niveau 1 : le besoin d'exister.

Niveau 2 : le besoin d'être vu par la société.

Niveau 3 : le besoin de contribuer à la société.

Niveau 4 : le besoin de faire partie de la société.

Niveau 5 : le besoin d'être utile à la société.

Niveau 6 : le besoin d'être considéré comme un élément influent de la société.

Ce qui ne va pas dans le monde actuel, c'est que les gens veulent atteindre le sixième niveau, mais passent la plupart de leur temps à penser au premier. Ils le font en perdant leur temps à prendre beaucoup de photos d'eux-mêmes, à passer beaucoup de temps sur les réseaux sociaux et à essayer d'attirer l'attention des autres sur leur apparence. En conséquence, ils s'éloignent de plus en plus de ce qu'ils souhaitent pour leur vie. Vient ensuite le faux sentiment de droit, la conviction que l'on a droit à un emploi, à un bon salaire et à une famille — ce qui placerait une personne aux niveaux quatre et cinq —, sauf que cette personne n'a pas les compétences sociales nécessaires pour interagir de manière saine avec le reste de la société.

Lorsque ces personnes finissent par se rendre compte qu'elles ont un problème, elles ne parviennent même pas à l'identifier, car elles sont trop concentrées sur le niveau zéro : ne rien être. Elles veulent alors que le thérapeute leur dise qui elles sont, et c'est de cela qu'elles parlent pendant les mois qui suivent. Même si un bon thérapeute essaie d'amener le patient à comprendre sa personnalité, dans cet état, le patient recherche principalement de l'attention. C'est pourquoi le thérapeute et le patient ont tendance à ne mener nulle part. Le thérapeute devrait-il s'inquiéter de cette situation ? Non, car il est payé pour l'attention qu'il offre. Le patient devrait-il s'inquiéter de sa situation ? Non, car c'est lui qui la paie. En fait, la plupart des gens disent ceci à propos de leur psychologue : « C'est formidable d'avoir quelqu'un à qui on peut parler ouvertement ».

Cela explique l'échec de la thérapie, qui pourrait être corrigé si chaque thérapeute avait un superviseur à qui il pourrait expliquer ses échecs. Mais ce n'est pas le cas, car la thérapie est un processus fondamentalement arbitraire et subjectif, comme l'ont démontré de nombreuses études. Souvent, les conclusions des thérapeutes reposent davantage sur des opinions personnelles que sur des faits. Cependant, si le thérapeute et le patient sont tous deux satisfaits du résultat, et malgré l'absence de résultats, pouvons-nous vraiment dire qu'il y a quelque chose qui ne va pas avec la thérapie ?

Il est normal et prévisible d'avoir une réaction de colère lorsque l'on se rend compte que l'on a été trompé pendant de nombreuses années, et il vaut mieux être en colère que déprimé sans réponses. La colère accompagne toujours un état dépressif, mais elle est naturelle, car elle représente la conscience d'un besoin d'auto-validation au détriment de la validation sociale. En fait, cette auto-validation contredit souvent les valeurs nécessaires à la validation sociale, et c'est pourquoi elle génère un conflit interne : une colère dirigée vers le monde qui reflète la colère envers soi-même. Il s'agit d'une manifestation d'un manque d'amour-propre, qui se traduit par de la frustration.

Le problème persiste lorsque ce besoin est recherché à l'extérieur, comme lorsque les gens s'efforcent d'être acceptés par les autres, car cela est peu probable. Les gens ne demanderont pas pardon, ne changeront pas et ne s'excuseront pas pour ce qu'ils vous ont fait, et ils sont plus susceptibles de disparaître lorsqu'ils sont confrontés à leurs actions et paroles passées. Si nous devons trouver un moyen externe pour équilibrer notre intérieur, alors les activités qui comblent le mieux ce vide sont celles qui permettent une forme de contact direct avec notre alchimie intérieure, comme l'exercice physique, une relation plus profonde avec la nature, la méditation et, en particulier, une combinaison des trois : gravir une montagne tôt le matin et méditer au sommet. Une simple balade à vélo peut également aider à soulager la dépression. En substance, nous voulons rester actifs avec les bons éléments, car c'est la combinaison de l'action et de la chimie qui améliore notre santé mentale globale.

Quand je parle des « bons éléments », je ne fais pas seulement référence aux éléments externes, mais aussi aux éléments internes, comme une alimentation plus saine à base de fruits frais, de légumes et de noix. Ces aliments sont riches en énergie positive. Même si vous souhaitez gérer directement vos pensées, nous savons déjà qu'elles sont mieux organisées lorsqu'elles sont orientées vers un objectif, et c'est pourquoi vous obtenez plus de clarté en pratiquant une activité qu'en restant allongé dans votre lit, déprimé, à réfléchir à la vie. Peu importe à quel point votre vie peut sembler complexe, vous guérirez plus rapidement si vous prenez l'habitude d'avoir plus d'action dans votre vie, une action qui soit en harmonie avec l'espace, la nature et le temps. Cela signifie que plus vous agirez dans des environnements naturels, plus vous guérirez rapidement et plus votre esprit sera clair. Ainsi, vous pourrez voir des solutions que vous ne pouviez pas voir auparavant.

Chapitre 35 : Guérison par la connexion et l'extériorisation

Une question qui revient souvent est de savoir comment amener une personne souffrant de troubles mentaux à vouloir bouger et faire des choses. N'est-ce pas une contradiction avec son état ? Chaque personne a besoin d'une solution unique, mais elle ne guérit pas vraiment en se regardant elle-même et son état. Cette guérison se produit lorsque la personne comprend le lien entre elle et le monde extérieur. Il s'agit d'un processus d'assimilation de la réalité par l'extériorisation de l'esprit ou de l'attention personnelle.

L'un des problèmes courants des personnes déprimées est qu'elles s'adaptent très facilement à des cycles, des habitudes et des routines négatifs, et deviennent même obsédées par ces cycles comme moyen d'échapper à l'introspection. Par exemple, une personne déprimée parce qu'elle est au chômage sera obsédée par l'idée de trouver un emploi et n'aura pas l'esprit assez clair pour essayer d'améliorer son CV. Elle essaiera également de trouver un emploi par peur, plutôt que par intérêt sincère pour l'entretien et ce qu'elle devrait faire. Avec ces comportements, la personne finit par s'éloigner encore plus des opportunités qu'elle recherche.

Plus les gens dépendent de la validation extérieure, plus ils auront de difficultés psychologiques et émotionnelles. La solidarité et les amitiés solidaires permettraient d'éviter cette situation, mais la plupart des gens n'aident pas leurs amis lorsqu'ils en ont besoin, et c'est là le véritable problème. La société est davantage tournée vers les besoins égoïstes et la satisfaction personnelle que vers la compassion.

Les problèmes de santé mentale sont autant le résultat d'un monde dysfonctionnel et malsain qu'un problème à résoudre par celui-ci. Lorsque le monde fait défaut à l'individu, celui-ci n'a que peu ou pas d'autres alternatives pour échapper aux cycles négatifs. Plus il regarde en dehors de lui-même, plus il est susceptible de rencontrer des frustrations, des défis, des barrières et d'autres obstacles à son propre développement personnel.

Lorsque ce qui est perçu comme normal fait partie intégrante d'une culture et est même loué par les personnes qui le protègent, l'individu est condamné à une obscurité d'ignorance dont il ne peut s'échapper qu'en recherchant de nouvelles connaissances, de nouvelles perceptions et de nouvelles façons d'expérimenter la réalité avec une nouvelle perspective. Cela est aussi vrai pour la santé mentale que pour l'obtention d'un mode de vie plus prospère et plus riche. Vous avez plus de chances d'atteindre vos objectifs si vous vous détachez des croyances des autres et formez les vôtres, y compris celles dans lesquelles vous avez été élevé à croire en vous-même.

Cela peut sembler anormal pour toutes les personnes que vous connaissez, car si ce qui est normal est anormal, alors ce qui est vraiment normal sera considéré comme anormal par ceux qui sont également anormaux. Cet état que les autres perçoivent comme anormal vous maintiendra sain et, avec le temps, vous aidera à aligner votre avenir avec votre véritable moi. C'est ainsi que vous trouverez une vie qui vaut la peine d'être vécue, une vie qui vous inspire vraiment à vous réveiller le matin, à vous réjouir du chant des oiseaux et à devenir une meilleure version de vous-même.

Glossaire des termes

Comportement antisocial caché : actions trompeuses et manipulatrices adoptées par des individus à l'esprit anormal, telles que mentir, tricher et exploiter les autres pour survivre et obtenir des avantages.

Vision binaire du monde : perspective simpliste et binaire qui divise le monde en « nous contre eux », « prédateur contre proie » ou « agresseur contre victime », ignorant la complexité et l'interconnexion des relations humaines et de la société.

Lavage de cerveau émotionnel : processus de manipulation des émotions d'une personne, généralement en utilisant la peur, la honte et l'insécurité pour contrôler ses pensées et ses comportements.

Trajectoire évolutive : idée selon laquelle les êtres humains sont engagés dans un processus continu de développement personnel et social, certains individus et certaines cultures étant plus « évolués » que d'autres en termes de conscience de soi, d'empathie et de capacité à coopérer.

Gaslighting : forme de manipulation psychologique dans laquelle l'agresseur amène la victime à remettre en question sa propre réalité, sa mémoire ou ses perceptions, en niant ou en contredisant ses expériences.

Illusions : fausses croyances ou perceptions que les individus ont d'eux-mêmes, des autres et du monde qui les entoure, qui peuvent les conduire à un comportement irrationnel et autodestructeur.

Introversion : état psychologique dans lequel l'individu a intériorisé sa propre vision du monde et lutte pour la changer lorsqu'il interagit avec la réalité, ce qui se traduit généralement par du narcissisme et un manque d'empathie.

Narcissisme : préoccupation excessive pour sa propre importance, généralement accompagnée d'une fragile estime de soi et d'un besoin constant de valider et de protéger son ego.

Changement organique : l'idée que la croissance et la transformation personnelles ne sont pas de simples exercices intellectuels, mais impliquent un processus holistique et interconnecté qui affecte tous les aspects de la vie d'un individu, y compris son bien-être physique, émotionnel et social.

Mentalité prédatrice : mentalité qui consiste à dominer et à exploiter les autres, souvent au détriment de leur bien-être, afin d'assurer sa propre survie et sa réussite.

Psychopathie : trouble de la personnalité caractérisé par un manque d'empathie, un mépris des droits et des sentiments d'autrui et une tendance à adopter un comportement manipulateur et antisocial.

Réciprocité : échange mutuel de pensées, de sentiments et d'actions entre individus, essentiel au développement de relations saines et de liens sociaux.

Cerveau reptilien : terme métaphorique utilisé pour décrire les aspects les plus primitifs et instinctifs de l'esprit humain, qui peuvent conduire à un comportement agressif, égoïste et axé sur la survie.

Autoréflexion : capacité à examiner de manière critique ses propres pensées, croyances et comportements, en reconnaissant comment ils peuvent être influencés par des préjugés inconscients, le conditionnement social et les expériences passées.

Masque social : la persona qu'un individu adopte pour se conformer aux normes et aux attentes de la société, souvent au détriment de son vrai moi et de son expression authentique.

Mécanismes de survie : stratégies psychologiques et comportementales que les individus utilisent pour assurer leur propre sécurité et leur bien-être, souvent au détriment des autres.

Demande de critique littéraire

Cher lecteur,

Merci d'avoir acheté ce livre ! J'aimerais beaucoup connaître votre avis. Écrire une critique littéraire aide à comprendre les lecteurs et influence également les décisions d'achat d'autres lecteurs. Votre avis est important. Merci de bien vouloir rédiger une critique sur ce livre ! Votre gentillesse est très appréciée !

À propos de l'auteur

Dan Desmarques est un auteur de renommée mondiale et un leader révolutionnaire de la pensée transformationnelle, dont les ouvrages profonds sur la croissance personnelle, la spiritualité et la réussite ont donné naissance à un mouvement mondial, permettant à des millions de personnes de dépasser leurs limites et d'exploiter pleinement leur potentiel. Avec un catalogue prolifique de plus de 100 livres publiés, dont 34 best-sellers Amazon, huit d'entre eux ayant atteint la première place très convoitée dans leur catégorie, Desmarques combine avec brio la sagesse ancienne et les dernières découvertes en matière de psychologie et d'ésotérisme. Il offre une clarté inégalée et des stratégies pratiques pour relever les défis les plus profonds de la vie, qu'il s'agisse de maîtriser le pouvoir subconscient ou de disséquer des dynamiques karmiques complexes.

Célèbre pour son style conversationnel caractéristique, Desmarques écrit avec une honnêteté brute et magnétique, imprégnée d'une urgence compatissante qui semble partager des secrets profonds autour d'un café avec un ami de longue date. Les lecteurs découvrent toujours ses livres à des moments cruciaux de leur vie, les saluant comme des catalyseurs qui transforment leur existence, démantèlent leurs blocages mentaux, allument un courage inébranlable et ouvrent la voie à l'abondance. Ses enseignements sont un puissant appel à l'action, incitant les lecteurs à remettre en question le statu quo, à cultiver une confiance en soi radicale et à entrer avec audace dans leur pouvoir authentique.

Véritable érudit et globe-trotter, Desmarques parle couramment plusieurs langues et s'inspire d'une riche mosaïque d'expériences mondiales et de perspectives interculturelles, garantissant ainsi que son message trouve un écho universel. Son vaste catalogue, désormais traduit en sept langues et disponible dans plus de 240 000 magasins et bibliothèques à travers le monde, a provoqué de profonds changements chez des publics divers, des aspirants entrepreneurs en quête de maîtrise de l'état d'esprit aux chercheurs ésotériques explorant des mystères plus profonds. En tant qu'éducateur, consultant et voix primée dans le domaine du développement personnel, Dan Desmarques continue de définir l'évolution du potentiel humain, en combinant des vérités philosophiques intemporelles avec des outils modernes pour guider l'humanité vers un éveil collectif.

Également écrit par l'auteur

1. 66 Days to Change Your Life: 12 Steps to Effortlessly Remove Mental Blocks, Reprogram Your Brain and Become a Money Magnet
2. A New Way of Being: How to Rewire Your Brain and Take Control of Your Life
3. Abnormal: How to Train Yourself to Think Differently and Permanently Overcome Evil Thoughts
4. Alignment: The Process of Transmutation Within the Mechanics of Life
5. Audacity: How to Make Fast and Efficient Decisions in Any Situation
6. Beyond Belief: Discovering Sacred Moments in Everyday Life
7. Beyond Illusions: Discovering Your True Nature
8. Beyond Self-Doubt: Unleashing Boundless Confidence

for Extraordinary Living

9. Breaking Free from Samsara: Achieving Spiritual Liberation and Inner Peace

10. Breakthrough: Embracing Your True Potential in a Changing World

11. Christ Cult Codex: The Untold Secrets of the Abrahamic Religions and the Cult of Jesus

12. Codex Illuminatus: Quotes & Sayings of Dan Desmarques

13. Collective Consciousness: How to Transcend Mass Consciousness and Become One With the Universe

14. Creativity: Everything You Always Wanted to Know About How to Use Your Imagination to Create Original Art That People Admire

15. Deception: When Everything You Know about God is Wrong

16. Dehumanization: How We Lose Our Way to Cruelty

17. Demigod: What Happens When You Transcend The Human Nature?

18. Design Your Dream Life: A Guide to Living Purposefully

19. Discernment: How Do Your Emotions Affect Moral Decision-Making?

20. Eclipsing Mediocrity: How to Unveil Hidden Realities and Master Life's Challenges

21. Energy Vampires: How to Identify and Protect Yourself

22. Fearless: Powerful Ways to Get Abundance Flowing into Your Life

23. Feel, Think and Grow Rich: 4 Elements to Attract Success in Life

24. Find More with Less: Uncluttering Your Mind, Body, and Soul

25. Find Your Flow: How to Get Wisdom and Knowledge from God

26. Forbidden Knowledge: Uncovering the Secrets of Ancient Civilizations and Alien Intervention

27. Hacking the Universe: The Revolutionary Way to Achieve Your Dreams and Unleash Your True Power

28. Holistic Psychology: 77 Secrets about the Mind That They Don't Want You to Know

29. How to Change the World: The Path of Global Ascension Through Consciousness

30. How to Get Lucky: How to Change Your Mind and Get Anything in Life

31. How to Improve Your Self-Esteem: 34 Essential Life

43. Money Matters: A Holistic Approach to Building Financial Freedom and Well-Being

44. Now: Crushing Procrastination and Skyrocketing Productivity

45. Oneness: The Divine Path from Trauma to Unity

46. Quantum Leap: Unleashing Your Infinite Potential

47. Raise Your Frequency: Aligning with Higher Consciousness

48. Religious Leadership: The 8 Rules Behind Successful Congregations

49. Reset: How to Observe Life Through the Hidden Dimensions of Reality and Change Your Destiny

50. Resilience: The Art of Confronting Reality Against the Odds

51. Revelation: The War Between Wisdom and Human Perception

52. Shameless: Defying Negativity

53. Spiritual Anarchist: Breaking the Chains of Consensual Delusion

54. Spiritual DNA: Bridging Science and Spirituality to Live Your Best Life

55. Spiritual Warfare: What You Need to Know About Overcoming Adversity

56. Starseed: Secret Teachings about Heaven and the Future of Humanity

57. Stupid People: Identifying, Analyzing and Overcoming Their Toxic Influence

58. Technocracy: The New World Order of the Illuminati and The Battle Between Good and Evil

59. The 10 Laws of Transmutation: The Multidimensional Power of Your Subconscious Mind

60. The 14 Karmic Laws of Love: How to Develop a Healthy and Conscious Relationship With Your Soulmate

61. The 33 Laws of Persistence: How to Overcome Obstacles and Upgrade Your Mindset for Success

62. The 36 Laws of Happiness: How to Solve Urgent Problems and Create a Better Future

63. The Alchemy of Truth: Embracing Change and Transcending Time

64. The Altruistic Edge: Succeeding by Putting Others First

65. The Anatomy of Cruelty: The darkest things people do and why they do them

66. The Antagonists: What Makes a Successful Person

Different?

67. The Antichrist: The Grand Plan of Total Global Enslavement

68. The Art of Letting Go: Embracing Uncertainty and Living a Fulfilling Life

69. The Awakening: How to Turn Darkness Into Light and Ascend to Higher Dimensions of Existence

70. The Dark Side of Progress: Navigating the Pitfalls of Technology and Society

71. The Egyptian Mysteries: Essential Hermetic Teachings for a Complete Spiritual Reformation

72. The Empty Cup: A Zen Guide to the True Self

73. The Evil Within: The Spiritual Battle in Your Mind Deception: When Everything You Know about God is Wrong

74. The Game of Life and How to Play It: How to Get Anything You Want in Life

75. The Hidden Language of God: How to Find a Balance Between Freedom and Responsibility

76. The Mosaic of Destiny: Deciphering the Patterns of Your Life

77. The Most Powerful Quotes: 400 Motivational Quotes

and Sayings

78. The Multidimensional Nature of Reality: Transcending the Limits of the Human Mind

79. The Narcissist's Secret: Why They Hate You (and What to Do About It)

80. The Primal Temple: Mastering the Five Elemental Powers.

81. The Scapegoat's Redemption: Breaking Free from Toxic Paradigms

82. The Secret Beliefs of The Illuminati: The Complete Truth About Manifesting Money Using The Law of Attraction That is Being Hidden From You

83. The Secret Empire: The Hidden Truth Behind the Power Elite and the Knights of the New World Order

84. The Secret Science of the Soul: How to Transcend Common Sense and Get What You Really Want From Life

85. The Seventh Cycle: Finding Light in the Shadows.

86. The Spiritual Laws of Money: The 31 Best-kept Secrets to Life-long Abundance

87. The Spiritual Mechanics of Love: Secrets They Don't Want You to Know about Understanding and Processing

Emotions

88. The Universal Code: Understanding the Divine Blueprint

89. The Unknown: Exploring Infinite Possibilities in a Conformist World

90. Thrive: Spark Creativity, Overcome Obstacles and Unleash Your Potential

91. Transcend: Embracing Change and Overcoming Life's Challenges

92. Unacknowledged: How Negative Emotions Affect Your Mental Health?

93. Unapologetic: Taking Control of Your Mind for a Happier and Healthier Life

94. Unbreakable: Turning Hardship into Opportunity

95. Uncharted Paths: Pursuing True Fulfillment Beyond Society's Expectations

96. Uncommon: Transcending the Lies of the Mental Health Industry

97. Uncompromised: The Surprising Power of Integrity in a Corrupt World

98. Unfiltered Truths: A Blueprint for Living Above Chaos

99. Why Do Good People Suffer? Uncovering the Hidden Dynamics of Human Nature

100. Your Full Potential: How to Overcome Fear and Solve Any Problem

101. Your Soul Purpose: Reincarnation and the Spectrum of Consciousness in Human Evolution

À propos de l'éditeur

Ce livre a été publié par 22 Lions Publishing. Pour découvrir notre catalogue ou envoyer votre manuscrit pour évaluation, rendez-vous sur : www.22Lions.com

www.ingramcontent.com/pod-product-compliance
Lightning Source LLC
LaVergne TN
LVHW010937051026
849532LV00003B/1014